選手

LEWIS
HAMILTON
MACLAREN 2007-2012
MERCEDES AMG PETRONAS 2013-

TIMELINE

F1팀 최연소[13세] 육성 선수 계약 1998

F3 유럽 챔피언 2005

GP2[F2] 챔피언 2006

F1 데뷔[맥라렌] 2007

F1 역대 최연소 챔피언 2008

메르세데스GP 이적 2013

F1 현역 최다 5회 챔피언 2018

F1 역대 최다 7회 챔피언 2020

F1 사상 첫 100 폴포지션 달성 2021

F1 사상 첫 100승 달성 2021

스쿠데리아 페라리 이적 계약 체결 2024

AWARDS

대영제국 훈장[MBE] 서임 2008

영국자동차협회 호손상 수상 2007-2008, 2012, 2014-2021

BBC 올해의 스포츠인 선정 2014, 2020

국제자동차연맹 올해의 인물상 수상 2014, 2018, 2020-2021

라우레우스 올해의 선수상 수상 2020

영국 왕실 기사 서임 2021

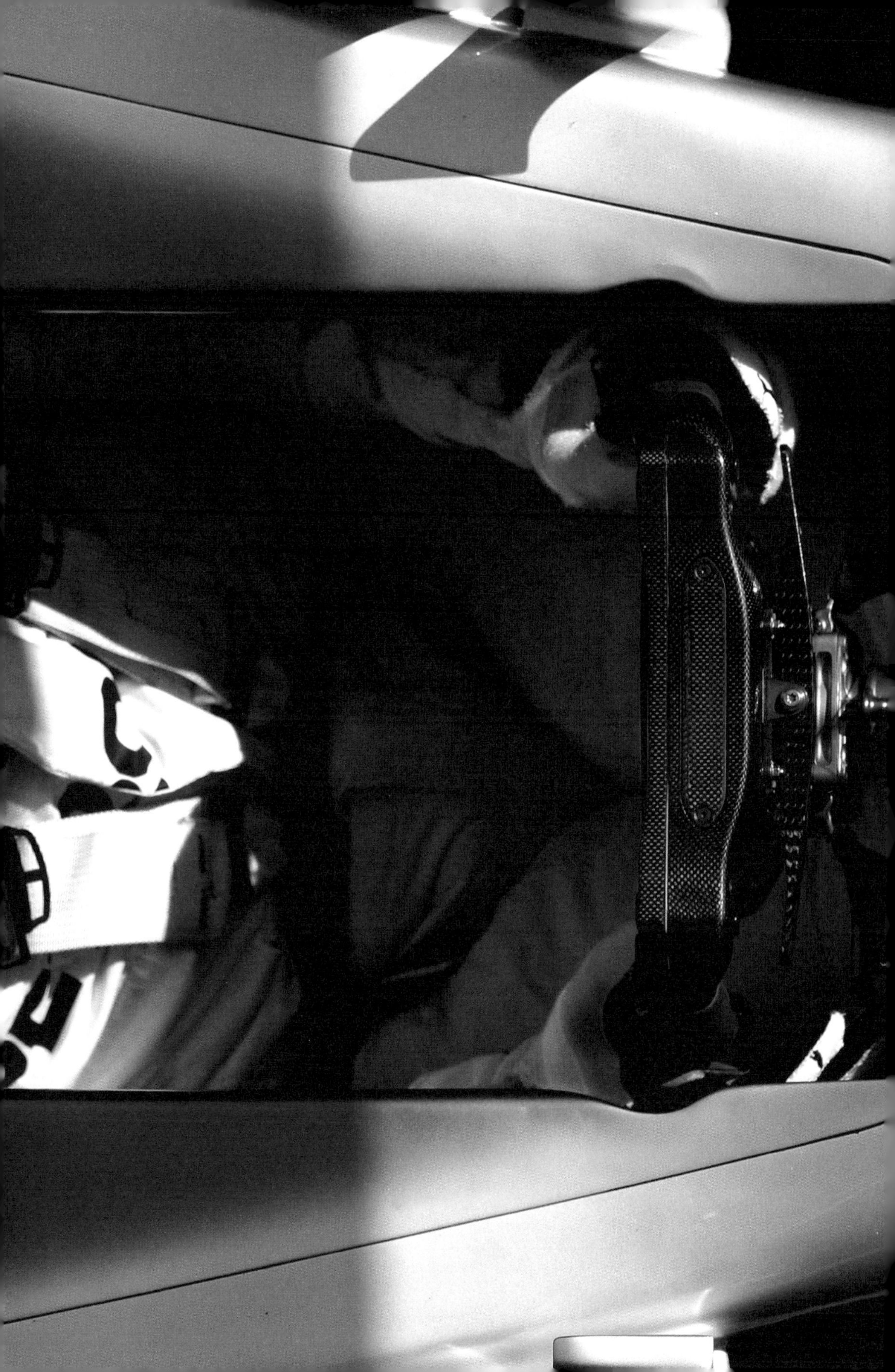

RECORDS

2007 첫 승리 2007년 캐나다 그랑프리

17 활동 시즌 17년

332 참가 레이스 332경기

103 우승 103회 ★통산 최다

7 월드 챔피언십 7회 ★통산 최다

105 폴포지션 105회 ★통산 최다

197 포디엄 진입 197회 ★통산 최다

4939.5 포인트 4939.5점 ★통산 최다

31 우승확률 31%

59.3 포디엄 진입 확률 59.3%

LEWIS HAMILTON

루이스 해밀턴의 연도별 성적

※2023 시즌 기준

연도	포인트	우승	포디엄	폴포지션	RANKING
2023	234	0	6	2	3RD
2022	240	0	9	0	6TH
2021	387.5	8	17	5	2ND
2020	347	11	14	10	1ST
2019	413	11	17	5	1ST
2018	408	11	17	11	1ST
2017	363	9	13	11	1ST
2016	380	10	17	12	2ND
2015	381	10	17	11	1ST
2014	384	11	16	7	1ST
2013	189	1	5	5	4TH
2012	190	4	7	7	4TH
2011	227	3	6	1	5TH
2010	240	3	9	1	4TH
2009	49	2	5	4	5TH
2008	98	5	10	7	1ST
2007	109	4	12	6	2ND

PROLOGUE

역사상 가장 위대한 드라이버, 루이스 해밀턴을 말한다

2010년 대한민국 첫 그랑프리를 준비할 때 만난 한 지인은 내게 '아무나 좋아하지 않아서 F1이 좋다'고 했다. 두터운 진입장벽을 넘어서야 비로소 참맛을 알게 된다는 취지였을 것이다. 그의 말은 F1이 대중들에게 다가가기 힘든 스포츠라는 사실을 냉혹하게 역설한다. 모터스포츠에는 담장밖으로 공을 날리는 호쾌한 홈런이나, 강한 무회전 슈팅의 골, 그리고 림을 부술 듯이 격렬한 덩크슛이 없다. 한 마디로 선수, 즉 사람의 움직임이 보이지 않는다.
아찔한 사고나 추월 장면이 있지만 선수가 왜 잘하는지, 왜 재미있는지 직관적으로 알아채기 힘들다. 이 때문에 F1을 깊게 좋아하기 위해서는 경주차에 대한 이해, 트랙의 특징, 개별 드라이버의 커리어 등 다양한 정보가 습득되어야 했다. 스포츠가 아닌 자동차 산업에 경도되어 F1을 다루던 과거 한국 언론의 시각도 이 진입장벽과 무관하지 않다.

최근 전 세계적으로 F1 팬이 늘고 있다. 넷플릭스 다큐멘터리로 대표되는 뉴미디어 콘텐츠가 이 현상에 큰 역할을 했음을 부인하기 어렵다. 영상 제작자들은 헬멧과 경주차 콕핏에 감춰졌던 '인간의 내면'을 수면 위로 끄집어 냈다. 덕분에 F1이라는 지구상 가장 상업적 스포츠의 쿨하고 럭셔리한 매력을 유행처럼 받아들이는 세대가 등장하게 된 것이다.
루이스 해밀턴은 전통적 모터스포츠 팬과 새로 유입된 팬들을 모두 관통할 수 있는 이 시대 가장 아이코닉한 드라이버다. 18년간 놀라울 만큼 성공적 커리어를 유지하면서 그는 경주차 파일럿에 요구되는 정밀한 드라이빙 테크닉과 한 인간으로서 매력을 모두 보여주며 급변하는 시대 흐름을 대변했다. 선수로서의 해밀턴은 축구의 리오넬 메시나 농구의 르브론 제임스 같은 존재다. 시간 저편에 머물며 비교불가 영역에 들어선 펠레나 조던처럼 해밀턴 앞에는 슈마허와 세나가 존재했다. 후대 선수들이 역대급 기록을 세우며 활약해도 올드 팬의 기억 속 스타를 지우기는 힘들다.

해밀턴은 불가능으로 여겨졌던 100승과, 100폴포지션, 그리고 일곱 차례의 월드 챔피언 기록을 새로 쓰며 F1 역사상 누구보다 뛰어난 성적표를 받았다. 만약 그의 성과가 과거 시대에 작성되었다면 이미 전설 속 모터스포츠 신神으로 추앙되었을지 모른다. 왕좌를 차지하기 위해 수단과 방법을 가리지 않는 약육강식의 F1에서 해밀턴처럼 10년 이상 전성기를 구가하며 지배자의 지위를 이어간 사례는 매우 드물다.
'인간' 해밀턴은 역경을 딛고 성공을 거머쥔 성장 서사의 주인공이다. F1 역사상 최초이자 유일한 흑인 드라이버, 부호들의 놀이터인 모터스포츠판에 돌연변이처럼 나타난 이민 노동자 가정의 아이라는 설정은 마치 주말 드라마 극본 같다. 세상에서 가장 돈이 많이 드는 스포츠에서 편견과 차별을 이겨낸 주인공이 승리하는 내러티브는 비현실적이다.

해밀턴은 한편으로 자신의 패션 브랜드를 론칭하거나, 곡을 쓰는 음악가로의 면모를 보이는 등 경기 외적으로도 영향력을 발휘하는 셀러브리티이자 인플루언서다. 그는 인스타그램이라는 소셜 미디어의 등장보다 먼저 F1에 데뷔했지만 자신을 팔로우하는 3,500만명 이상의 팬을 대상으로 한 소통과 의견 표현에 조금도 주저하지 않는다. 나아가 환경문제, 인종차별, 동물보호 등 인류가 직면한 사회 이슈에 정면으로 맞서 자신의 목소리를 냈다. 어쩌면 그는 5km 남짓한 레이싱 트랙의 울타리를 벗어나 진정한 세상과 마주한 역사상 첫 번째 드라이버일지도 모른다.

2021년 이후 해밀턴은 선수로서 서서히 내리막길을 걷고 있는듯 보인다. 그가 F1에 새 물결을 일으키며 데뷔했듯, 이제 젊고 강한 드라이버들에게 좋은 차가 주어지고 있다. 시대의 변화는 명확하다. 하지만 숱한 역경을 딛고 정상에 올랐던 그의 도전이 끊이지 않기를 기원한다. 이 응원의 연장선상에서 해밀턴이 현역의 지위를 유지한 시점에서 그의 인생을 돌아보는 이 책에 나름의 의의를 부여하고 싶다.

해밀턴은 최근 계약을 통해 2024년까지 메르세데스에서 뛴 뒤 2025년 페라리 이적을 결정했다. 드라이버 인생의 절정을 함께 했던 메르세데스와의 인연을 '전설'로 남기고, 이제 존재만으로 F1 그 자체라 할 페라리를 통해 '역사'의 장으로 들어서게 된다. 그가 남은 기간 다시 정상에 오를 수 있을지는 알 수 없다. 분명한 것은 우리가 역사상 가장 위대한 드라이버를 현재 진행형으로 지켜보았으며, 아직도 지켜보고 있다는 사실이다.

CONTENTS

The Birth of Genius 천재의 등장

The Historical Debut 레이싱 역사상 가장 화려한 데뷔

The Depression in The Ground 침체기에 빠지다

A New Challenge Begins 새로운 도전과 성공

The Golden Moment 커리어 절정의 황금기

vodafone

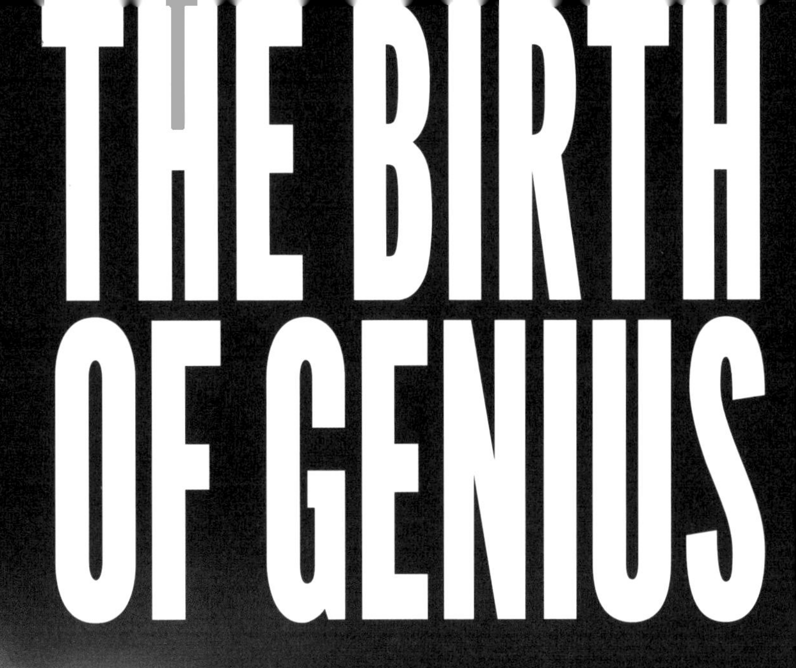

THE BIRTH OF GENIUS

천재의 등장

카트장에 나타난 여덟 살 흑인 꼬마는 주변 누구와도 다른 피부색처럼 남다른 재능을 선명하게 드러냈다. 그리고 열세 살이 된 카트 영재에게 당대 최고의 F1팀 맥라렌은 영드라이버 육성 프로그램의 일환으로 미래의 F1 시트 옵션이 포함된 사상 최연소 계약을 안긴다. 하드퍼드셔에서 자란 평범한 그레나다 이주 노동자 가정의 아이는 이렇게 모터스포츠계에 등장한다.

“

어린 소년이 다가왔을 때
나는 오만함 없는 자신감이 무엇인지
엿볼 수 있었다.

”

_ 론 데니스 전 F1 맥라렌팀 대표

01

편견을 넘어선 천재 꼬마의 등장

루이스 해밀턴은 1985년 1월 7일 흑인 아버지 앤서니 해밀턴과 백인 어머니 카르멘 라발레스티어 사이에서 혼혈로 태어났다. 고향은 런던에서 북쪽으로 44km 떨어진 근교 지역 소도시 하트퍼드셔주 스테버니지다. 할아버지때 카리브해 영연방 국가 그레나다에서 이주한 노동자 가정이었다. 루이스(Lewis)라는 이름은 아버지 앤서니가 육상선수 칼 루이스를 따라 지었다. 작명처럼 세상에서 가장 빠른 사람으로 자란 셈이다. 또 다른 가족으로 이복 남동생 니컬러스 해밀턴과 여동생 사만다가 있다. 니컬러스에게는 뇌성마비 장애가 있다. 그럼에도 훗날 형의 영향으로 보기 드문 장애인 레이싱 드라이버가 된다. 그는 형과 달리 포뮬러 종목이 아닌 영국 투어링카 챔피언십, 르노 클리오컵, 영국GT챔피언십 등 주로 양산형차 경주에서 활동하며 장애인 모터스포츠 캠페인에 적극 참여했다.

해밀턴은 두 살 때 부모의 이혼 뒤 주로 아버지 손에서 자랐다. 새 어머니 린다 해밀턴이 있지만 생모와 꾸준히 인연을 유지했다. 이 영향으로 2022년 친모의 성인 '라발레스티어'를 미들 네임으로 넣어 '루이스 라발레스티어 해밀턴'으로 개명한다.

루이스의 어린시절은 평탄치 않았다. 피부색과 혼혈에 대한 사회적 편견이 그를 괴롭혔기 때문이다. 해밀턴이 경험한 차별 중 학창시절 또래 학생에 대한 폭행 누명으로 정학처분이 내려진 일도 있었다. 피해자로 알려진 학생이 다른 이유로 병원 치료를 받은 사실이 밝혀졌지만 어린 소년 해밀턴에게는 오랫동안 마음의 상처가 되었다.

BRIDGESTONE
RENAULT
RICHARD MILLE
Mobil 1
L.Hamilton
Lewis Hamilton

하지만 소년 해밀턴은 강한 심성의 소유자였다. 그는 자신이 어린 시절 편견에 맞서 싸우는 법을 스스로 터득해 나갔다고 훗날 회고했다. 12세 무렵 학교 친구들의 괴롭힘을 이겨내기 위해 가라테에 입문해 검은띠를 따냈던 일화도 있다.

자동차와 관련해 처음 재능을 드러낸 것은 5~6세 무렵이다. 요즈음 레이싱 시뮬레이션 게임을 통해 모터스포츠에 진입하는 일이 흔하듯 당시 어린이 해밀턴은 RC카 조종에 뛰어난 소질을 보였다. 여섯 살 때 방송 프로그램에도 소개된 영국 RC카 협회 주최 대회에서 스무 살 이상 차이나는 성인 출전자들을 누르고 준우승한 이력이 있을 정도다. 아들이 올바르게 자라기 위해 집중할 취미가 필요하다고 생각했던 아버지 앤서니는 이를 보고 그해 크리스마스에 카트를 사준다. 학교 성적을 유지하면 레이싱 참가를 지원하겠다는 약속도 했다. 이 선물이 천재 레이서의 출발점이 된다. 이처럼 해밀턴을 온전히 지탱한 것은 아버지였다. 대스타가 된 뒤 가진 인터뷰에서 해밀턴은 아버지의 헌신이 자아의 중심을 잡는 중요한 기둥이 되었다고 말하며 감사와 애정을 표했다.

아버지 앤서니는 아들의 성장을 위해 희생했다. 루이스의 카트 훈련을 지원하기 위해 정규직이던 철도회사 IT 매니저 자리를 계약직으로 바꾸며 유리 판매, 식당 설거지, 부동산 판매 보드 제작 등 여러 부업을 병행하여 부족한 돈을 벌었다. 뿐만 아니라 스스로 자동차 정비를 배워가며 아들의 매니저이자 미캐닉이 되어 밀착 지원을 해냈다. 앤서니는 단순히 헌신적이었을 뿐 아니라 아들의 미래를 위해 현명하게 판단할 줄도 알았다. 특히 모터스포츠 관계자와의 네트워크를 만드는 데 열심이었고 전문가들의 이야기를 귀담아들었다. 그런 센스가 없었다면 따로 언급할 맥라렌 론 데니스와의 운명적 인연이 이어지지 않았을지도 모른다.

본격적으로 해밀턴이 유소년기에 자신의 재능을 발현한 과정을 살펴보자. 해밀턴은

만 8세가 되는 1993년부터 본격적으로 다양한 주니어 카트 경기에 참가하며 우승을 맛보기 시작한다. 레이스를 시작하는 나이가 고작 초등학교 입학 연령인 8세 무렵이었다는 사실이 다소 의아할 수도 있지만 최정상급 레이싱 드라이버는 거의 유년기 카트 무대에서 배출된다.

F1 현역 드라이버의 경우를 보아도 2021~2023년 챔피언인 막스 베르스테판이 만 4세(F1 데뷔 17세), 페라리의 샤를 르클레르가 6세(F1 데뷔 20세), 그리고 애스턴 마틴의 페르난도 알론소가 3세(F1 데뷔 19세)에 카트로 레이스를 시작했다. 카를로스 사인츠 주니어처럼 상대적으로 늦은 나이인 14세(F1 데뷔 22세)에 레이스 경력을 시작하는 경우도 있지만 F1 드라이버의 평균 시작 나이는 7세 무렵이다. 유소년기부터 재능이 드러난 영재만이 F1 드라이버가 될 수 있다는 이야기다. F1은 전 세계 80억의 인구 중 단 20명의 천재만 시트를 차지하는 냉혹한 무대다. 한국이 아직 F1 드라이버를 배출하지 못한 것도 유소년 육성 환경이 취약하기 때문이다.

해밀턴 역시 유소년기 카트 시절을 통해 드라이버가 갖추어야 할 재능인 통제력과 침착함을 몸에 새길 수 있었다.

해밀턴이 카트를 통해 모터스포츠 관계자들의 눈길을 끈 시점은 10세때다. 이해 영국 카딧 카팅 챔피언십(British Cadet Kart Championship)이라는 8~12세 대상 육성형 대회에서 당시 기준 최연소 우승자가 되며 주목받기 시작한다. 이 카트는

그는 올바른 레이싱 정신을 가지고 있는 훌륭한 선수이며, 만약 활동을 이어간다면 그가 F1에 도달할 것이라고 확신한다.

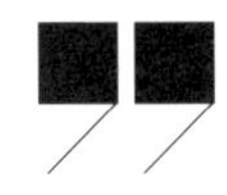

MICHAEL SCHUMACHER

유소년에 맞춘 6.5마력의 작은 엔진으로 구동되는 가벼운 경주차지만 레이싱 영재 육성의 최고 훈련 도구였다.
이 무렵 해밀턴이 각종 카트 무대에서 활약하자 영국의 유명 도박 사이트 래드브룩스(Ladbrokes)가 그의 23세 이전 F1 우승 여부를 베팅하기도 했다. 영국은 세상 모든 일에 내기를 건다고 해도 과언이 아닌 도박의 나라지만 불과 열두 살 소년을 판에 올린 것은 이례적이었다.
성공적 유년기를 보낸 해밀턴은 나이에 맞추어 가며 다양한 카트 무대에서 훈련을 이어갔다. 1999년에 14세 이상 참가 가능한 인터콘티넨털A 대회, 2000년에 15세 이상 톱 레벨 리그인 포뮬러A, 2001년 포뮬러 슈퍼A(이상 카트 대회명)로 올라가며 영국 및 유럽권 카트 대회에서 지속적으로 성적을 냈다. 2000년에는 영국 드라이버 클럽(BRDC)이 포뮬러 슈퍼A 카트 유럽 챔피언에 오른 해밀턴을 '라이징 스타'로 선정하기도 했다.
해밀턴은 포뮬러A와 포뮬러 슈퍼A 카트 시절 이후 F1에서 한솥밥을 먹게 되는 니코 로즈버그와 같은 팀에서 뛰었다. 이 둘은 훗날 인생의 라이벌이 된다. 니코의 아버지는 F1 챔피언 출신인 케케 로즈버그. 돈과 재능, 주어진 환경 모두 모터스포츠계의 금수저인 로즈버그와 노동자 가정의 흑인 소년이 동등한 대결을 펼칠 수 있었던 것 자체가 해밀턴의 재능을 입증하는 증거다.
여담으로 해밀턴은 16세이던 2001년 당대의 F1 황제 미하엘 슈마허와 카트 대결을 펼친 일이 있다. 슈마허가 아버지 이름을 따 독일 코펜에 건립한 롤프스 카트 서킷(Rolf's Circuit)에서 치러진 '월드 카팅 챔피언십 파이널'에 이벤트성으로 참가했던 것이 계기였다. 슈마허는 감각 회복 차원에서 재미삼아 나간 이 경기에서 3위에 올랐고 함께 레이스한 해밀턴은 7위였다.
당시 어린 유망주를 지켜본 슈마허는 "해밀턴은 퀄리티 있는 드라이버"라며 "그는 올바른 레이싱 정신을 가지고 있는 훌륭한 선수이며, 만약 활동을 이어간다면 그가 F1에 도달할 것이라고 확신한다"고 말했다. 역사상 가장 위대한 드라이버로 손꼽히는 '황제'의 극찬이었다.
그 외에도 해밀턴을 일찌감치 알아본 사람은 많았다. 훗날 한 모터스포츠 관계자는 "북아일랜드 지역에서 열린 한 카트 대회 기간 중 경쟁자 중 하나였던 소년이 해밀턴이 아끼는 스웨터를 상하게 하는 일이 있었는데, 보통의 아이들과 달리 흥분을 가라 앉히며 대처하는 모습을 지켜보고 매우 강한 인상을 받았다"고 회고하기도 했다. 드라이버에게 가장 필요한 재능이라는 멘탈이 강하다는 이야기였다.
재규어 레이싱팀 대표를 역임하고 FIA(국제자동차연맹) 기술팀에서도 일한 바 있는 영국 레이스 평론가 토니 퍼넬(Tony Purnell)도 카트를 타던 어린 시절 해밀턴의 특별한 점에 대해, "이미 경쟁자가 없는 선두의 위치를 굳히고도 랩타임을 줄이기 위한 자신과의 싸움을 했던 최고 유망주였다"고 평했다.
그는 "당시 해밀턴을 지켜본 카트 관계자들이 그의 피부색에 주목하지 않고 재능을 칭찬하기 바빴다는 점이 매우 인상적이었다"고 기억했다. 보기 드물게 흑인 꼬마가 카트장에 나타난 것이 특이했다기보다는 실력 자체가 눈에 띄었던 것이다.

02

론 데니스와의 운명적 만남

해밀턴은 열 살이었던 1995년, 영국 카딧 카트 챔피언십에서 역대 최연소 챔피언이 되며 한 모터스포츠 시상식에 초청받았다. 이 자리에서 운명적 만남이 이루어진다. 함께 참석했던 맥라렌 F1팀 대표 론 데니스를 만난 것이었다. 맥라렌은 F1에서 페라리 다음으로 오랜 역사(1963년 창단)를 가진 팀으로 당시 통산 10회의 드라이버 챔피언십을 기록하던 강호였다. 팀의 수장 론 데니스는 그야말로 모터스포츠 산업계에서 손꼽히는 거물중의 거물이었다.

"안녕하세요. 저는 루이스 해밀턴이라고 해요. 카트 영국 챔피언이지요. 언젠가 당신의 차로 레이스를 하고 싶어요." 어린 루이스가 사인을 받으며 건넨 인사말을 시작으로 짧지만 운명적인 대화가 이어진다. "9년 뒤에 내게 전화 주겠니? 그러면 뭔가 해결될 거야" 성년이 된 뒤 다시 만나자는 의례적 인사 같은 대답이었겠지만 이 말은 훗날 현실이 되어 둘은 양아버지와 아들 같은 관계를 맺는다. 론 데니스는 당시 만남을 돌아보며 "어린 소년이 다가왔을 때 나는 오만함 없는 자신감이 무엇인지 엿볼 수 있었다"고 했다. 그리고 정작 자신이 얘기한 9년을 기다리지 못하고 먼저 연락한 쪽은 론 데니스였다.

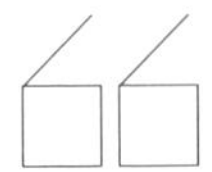

**안녕하세요.
저는 루이스 해밀턴이라고 해요.
카트 영국 챔피언이지요.
언젠가 당신의 차로 레이스를 하고 싶어요.**

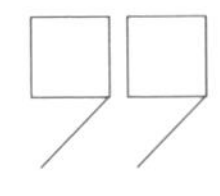

둘의 첫 만남 이후 3년이라는 시간이 지난 뒤, 맥라렌은 자체 영드라이버 프로그램(McLaren Young Driver Programme)의 일환으로 그해 두 번째로 영국 카트 챔피언이 된 해밀턴을 육성 선수로 영입하게 된다. 당시 계약에는 옵션에 따라 미래의 F1 시트가 주어지는 조항도 포함되었다. 이는 13세 소년에게 주어진 F1 역사상 최연소 드라이버 계약이었다.
맥라렌의 영드라이버 프로그램은 모터스포츠 분야의 젊은 인재를 발굴, 육성한다는 목적에서 1998년 처음 만들어졌다. 바로 해밀턴과의 계약 시점이다. 맥라렌은 앞서 영국 레이싱 드라이버 클럽(BRDC; British Racing Drivers' Club) 영드라이버 어워즈를 후원하는 등 유소년 육성에 기여해 왔지만 자체적으로 보다 구체적 교육 과정이 필요하다 판단했고 그 결과물이 영드라이버 프로그램이었다.
훗날 론 데니스에 이어 팀 대표에 오르는 마틴 휘트머시가 당시 책임자였다. 휘트머시는 영드라이버 프로그램을 구상하며 정확하게 측정되는 신체 훈련 및 영양 공급, 의미 있는 경력 정보 및 계약 지침, 기술과 능력에 대한 철저하고 엄격한 평가, 미디어 및 홍보에 대한 능력 향상, 대중의 지지와 프로그램 이후 스스로 경력을 이어갈 수 있게 해주는 평판 관리, 그리고 이 모든 경력 개발에 필요한 자금 확보 등을 주요 목표로 설정했다.
그동안 이 프로그램에서 17명의 드라이버들이 배출되었다. 해밀턴은 물론 케븐 마그누센이나 랜도 노리스, 알렉산더 알본 등 10명이 이 프로그램에 힘입어 F1에 진출(테스트 드라이버 포함)했고, 이 중 4명은 맥라렌팀에서 레이스에

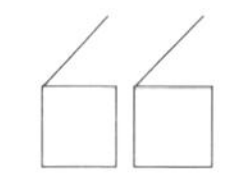

9년 뒤에 내게 전화 주겠니?
그러면 뭔가 해결될 거야.

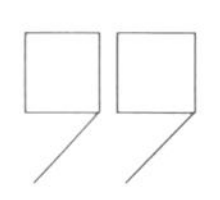

참가했다. F1 드라이버를 꿈꾸는 수많은 청소년들에게 맥라렌, 레드불 등 프로팀이 운영하는 육성 프로그램은 신이 내린 기회로 여겨진다. 엄청난 레이스 참가 비용을 지원받기 때문이다.

모터스포츠는 상상 이상으로 큰 돈이 들어가는 종목이다. 레이스로 백만장자가 되는 방법은 천만장자에서 시작하면 된다는 농담이 있을 정도다. 해밀턴의 현 소속팀인 메르세데스 F1팀 대표 토토 볼프가 드라이버가 F1에 도달할 때까지의 비용을 언급한 인터뷰 내용을 소개한다.

케이스마다 다르겠지만 볼프는 카트 과정을 마치기 위해 누적 13억원가량 필요하다고 말했다. 해밀턴처럼 7~9세에 카트를 타기 시작해 15세가 되면 포뮬러 경주차로 올라서는 경우가 일반적인데 여기까지 13억원이라는 이야기다.

다음 과정인 F4 (또는 포뮬러 르노)에서는 해마다 약 4억 6천만원가량 투자되어야 한다. 여기서 재능을 드러내 F3 경험을 쌓을 수 있게 된다면 이 기간 연 8억 6천만원이 더 필요하다. 다음 단계인 F2 (GP2)에 자비로 참가할 경우 매 시즌 약 53억원이 투입된다. 최종적으로 한 명의 F1 드라이버가 탄생하기 위해 필요한 비용이 약 100억원에 달한다는 이야기다. 볼프의 말처럼 "진짜 부자인 아빠가 필요한 과학적 스포츠"인 셈이다.

만약 론 데니스와의 만남이 이루어지지 않았더라면 부유하지 않은 가정에서 자란 해밀턴이 레이싱 드라이버로 성장할 기회는 주어지지 않았을 것이다. 맥라렌의 육성 프로그램은 훗날 F1의 역사를 새로 쓸 천재 드라이버의 씨앗을 보호했다. 그래서 열 살 소년과 F1 보스의 이날 만남은 말 그대로 '운명적'이었다.

03

청소년 루이스, 영재 코스를 밟다

FORMULA RENAULT

만 16세에 접어든 2001년, 해밀턴은 이제 카트에서 졸업한다. 다음 무대는 주니어급 포뮬러. 카트 드라이버들이 포뮬러에 입문할 때 가장 자주 찾는 대회인 포뮬러 르노(Formula Renault)부터 접하게 된다. 이 때가 실제 경주차를 처음 다루게 된 시점이다. 당시 포뮬러 르노는 F4급에 해당하는 엔트리 레벨 시리즈였다. 참가자 모두 같은 섀시, 같은 엔진으로 경쟁하도록 하여 경주차 성능 보다는 드라이빙 테크닉을 비교하는 데 적합한 규정으로 운영된다. 입문 대회라 해도 해밀턴이 이전까지 경험한 35마력 125cc급 카트 엔진과 본질적으로 다른 본격 레이싱카의 시작점이 되는 차다.

이해 초반 해밀턴의 후견인이 된 맥라렌 F1팀은 당시 주니어 포뮬러 부분에서 명성이 높았던 영국 마노 모터스포츠팀(Manor Motorsport)에 테스트를 부탁하게 된다. 마노팀은 F3(Formula 3)와 포뮬러 르노 등에서 꾸준히 우승권 성적을 거두다 훗날 F1팀(2010~2015년)으로 승격하는 당대 엔트리 포뮬러 리그의 최강자였다. 전년도까지 이 팀의 주전 드라이버는 역대급 천재 키미 라이코넨(핀란드)이었다. 라이코넨이 전례 없는 '포뮬러 르노 → F1 직행' 이슈를 만들며 그랑프리 무대로 승격한 빈자리에 해밀턴이 합류하게 된 것이다. 마노의 대표 존 부스는 테스트를 마친 뒤 "그는 이전에 포뮬러는 물론 승용차조차 운전한 적이 없었음에도 불과 세 바퀴쯤 달린 뒤 경주차에 적응해냈다"며 해밀턴의 성장 가능성을 높게 점쳤다. 부스의 기대처럼 해밀턴은 포뮬러 르노 리그를 차분히 접수해 나갔다. 처음 참가한 영국 포뮬러 르노 윈터 시리즈에서 시즌 종합 5위로 시동을 걸었다. 다음해인 2002년 포뮬러 르노 UK에서 연간 3승을 거두며 종합순위를 3위까지 끌어 올린다. 2003년 같은 리그에 참가한 해밀턴은 초반 4라운드까지 뚜렷한 인상을 남기지 못했지만 5라운드부터 10연승 하며 마침내 영국 포뮬러 르노 무대를 제패하는 시리즈 챔피언이 된다.

FORMULA 3

같은 해인 2003년 하반기, 해밀턴은 포뮬러 르노 리그 마지막 두 경기를 포기하고 F3 경주차 운전에 도전한다. F3는 과거 GP2(현재 F2)로 가기 전 중간 단계 정도의 이미지였으나 이 무렵 F1으로 직행하는 지름길로 재인식되며 리그 가치가 높아지고 있었다. F3는 배기량(2ℓ)이 포뮬러 르노와 같지만 공기역학적 성능이 훨씬 뛰어난 경주차다. 무엇보다 트레드 무늬가 없어 접지력이 높은 슬릭 타이어를 사용한다는 점이 당시 주요한 특징이었다. 타이어에 대한 이해가 드라이버에게 가장 중요한 재능인 만큼 F1 시트를 노리는 훈련생들에게 제격인 리그다.

해밀턴의 첫 출발은 좋지 않았다. F3 경주차 첫 경기였던 2003년 9월, 영국 F3 챔피언십 최종전 더블 라운드(영국 브랜스 하치 경기장)에서 첫 레이스는 타이어 펑크로 탈락했고, 2차 레이스에서는 팀 동료 토르 그라베스와 충돌하여 정신을 잃은 채로 병원으로 옮겨지는 사고를 당했다. 하지만 훌훌 털고 일어난 해밀턴은 당시 한국 경상남도가 개최한 F3 단독 대회인 F3 코리아 슈퍼프리에 참가, 폴포지션(Pole Position: 예선 1위)을 차지하며 국내팬들에게 강한 인상을 남긴다. 비록 본선 레이스에서 넬슨 피케 주니어와의 추돌사고로 순위권에 오르지 못했지만 당시 창원에 조성된 시가지 경기장 역대 최고 랩타임(Lap Time)인 1분 09초 989를 기록하며 서킷 코스 레코드(Circuit Course Record)를 갱신했다. 이는 종전 기록을 2초나 앞당긴 성과였다.

이 경기는 결과적으로 한국 모터스포츠 팬들이 미래의 레이스 황제를 미리 만나는 흔치 않은 기회가 되었다. 당시에도 모터스포츠 역사상 최초의 흑인 유망주라는 점 때문에 해밀턴에게 높은 관심이 쏟아졌었다. 무엇보다 당시 F3 코리아 슈퍼프리는 F1 유치 이전까지 한국에서 개최된 최고 등급 모터스포츠였기에 공중파TV에서 생중계할 만큼 주목을 받았다. 가볍게 예열을 마친 해밀턴은 다음 시즌인 2004년, 마노팀과 함께 F3 유로 시리즈(Formula 3 Euro Series)에 도전한다. 단발성 대회 참가가 아닌 본격적 시리즈 무대에 나선 것이다. 첫 시즌을 마친 뒤 받아 든 성적표는 연간 종합 5위였다. 팀 동료 니코 로즈버그의 종합 4위보다는 한 계단 처진 성적으로 본인의 기대보다 아쉬운 결과라 할 수 있다. 하지만 이해 F3 대회로는 가장 권위있는 이벤트인 마카오 그랑프리와 바레인 F3 슈퍼프리 초대 레이스에서 우승하며 빅게임 위너의 이미지를 갖게 된다. 그리고 같은 해 12월, 맥라렌은 해밀턴에게 처음으로 F1 차량 테스트 기회를 준다. 그랑프리 경주차를 몰아볼 수 있는 소중한 시간이었지만 F1 주전으로 가는 과정은 조금 더 남아 있었다. 만 스무 살을 맞이한 2005년, 해밀턴은 전년도 F3 유로 시리즈 챔피언팀인 ASM으로 소속을 옮기며 한 해 더 F3에 머문다. 아버지 엔서니는 GP2 승급을 원했지만 육성 프로그램을 지원하는 맥라렌은 F3 경험이 더 필요하다고 판단했다. 양자간 의견차가 컸지만 후원자인 맥라렌의 주장을 받아들여야만 했다. 이미 F3 경주차를 손바닥 뒤집듯 다룰 수 있게 된 해밀턴은 시위라도 하듯 뛰어난 성적으로 F3 유로 시리즈를 휘저었다. 이해 리그 20라운드 경기 중 해밀턴이 우승한 경기는 15회. 압도적 결과였다. 특히 네덜란드 잔부트에서 열린 말보로 마스터스 폴투윈(Pole to Win: 예선 1위부터 본선 1위)을 비롯, 모나코 F3 그랑프리, 파우 F3 그랑프리 등 F3급에서 메이저라 할 만한 중요 대회를 싹쓸이하며 자신을 둘러싼 울타리가 비좁다고 항변했다.이러한 업적으로 영향력 있는 모터스포츠 잡지인 영국 오토스포츠는 그를 2005년 톱 50 드라이버 특집에서 24위로 선정하기도 했다. 영국 매체이니 자국 유망주에 호의적이겠지만 F1, WRC(World Rally Championship) 등에서 뛰는 프로 선수들 사이에 아마추어 해밀턴의 이름이 나란히 놓인 것은 분명 의미 있는 일이었다. 여담으로 이 무렵 F3 유로 시리즈의 공식 지정 타이어는 우리나라 브랜드 금호였다.

BRIDGESTONE
L.Hamilton

GP2

2006년 해밀턴은 F1의 2군 경기 성격인 GP2 시리즈(현재의 F2)로 승격한다. 주니어 시절 보여준 재능을 생각하면 빠른 나이라 할 수 없지만 꿈의 무대 그랑프리의 코 앞까지 다가선 셈이다. 당시 GP2는 엔진 배기량 4ℓ로 F3보다 두 배나 컸고 변속기와 공기역학 부품 등 모든 면에서 F1카에 한 발 더 접근한 경주차를 사용했다. 특히 F1의 서포트 레이스로 동반 진행되는 투어 경기여서 참가 드라이버들에게는 수만 관중 앞에서 레이스를 펼칠 기회이기도 했다.
앞선 포뮬러 르노와 F3 시절의 해밀턴은 새 경주차를 만난 초반에 한 시즌 정도의 적응기가 필요한 모습을 보였지만 GP2에서의 양상은 완전히 달랐다. 2006년 4월부터 9월까지 이어진 GP2 첫 시즌에서 해밀턴은 5승을 거두며 경쟁자 넬슨 피케 주니어에 12점 앞선 114포인트로 데뷔 첫 해 챔피언 타이틀을 따낸다. 예선에서도 8회나 최고 성적을 달성했는데 이는 당시 기준 GP2 역대 한 시즌 최다 폴포지션 기록이었다. 이해 해밀턴은 3라운드 독일 뉘르브르크링에서 피트 레인(Pit Lane) 속도 위반으로 페널티를 받고도 자신의 GP2 첫 우승컵을 들어 올린 데 이어, 드라이버 기량이 강조되는 고난이도 서킷 모나코에서 우승하고, 홈 그라운드 영국 실버스톤에서 더블헤더 연속 1위에 오르는 등 강렬한 인상을 남긴다. 특히 좌우 연속으로 경주차의 움직임을 바꿔야 해 추월이 힘들다고 알려진 실버스톤의 대표적 고난이도 고속 코너 구간 베케트에서 앞선 경쟁자를 두 대나 추월하며 드라이빙 테크닉을 과시했다.
GP2 무대에서 거둔 해밀턴의 주요 성과를 살펴보면, 단일 시즌 최다 포인트, 최다 최고속도랩(Fastest Lap: 본선 레이스 중 기록된 가장 빠른 랩타임), 최다 폴포지션 달성 등 가히 압도적인 성적표였다. 그 결과는 GP2 역사상 최초의 데뷔 시즌 챔피언 등극이라는 영예로 화룡점정을 이룬다. 같은 2006년, 해밀턴의 지원자인 F1 맥라렌팀에도 변화가 일어났다. 팀의 제2드라이버로 뛰던 후안 파울로 몬토야가 시즌 중간에 미국 NASCAR로 이적해버린 데 이어, 에이스인 키미 라이코넨이 다음 시즌 페라리와의 계약을 발표하면서 주전 모두가 이탈하는 상황에 직면한 것이다. 라이코넨을 대신할 카드는 확실했다. 르노에서 F1 챔피언 타이틀을 석권한 페르난도 알론소라는 초대형 스타의 영입이었다. 그리고 그해 9월 팀 대표 론 데니스는 남은 한 자리의 주전 시트를 메우기 위해 주저 없이 해밀턴의 전화번호를 찾게 된다.
시즌 중간 일찌감치 결정된 해밀턴의 F1 진출이었지만 공식 발표는 몇 달 뒤로 미뤄졌다. 레이스 황제 미하엘 슈마허의 은퇴 선언이 전세계 모든 뉴스의 헤드라인을 집어 삼키고 있었기 때문이다. 결과적으로 슈마허가 은퇴한 페라리의 주인으로 키미 라이코넨이 낙점되고, 키미 때문에 만들어진 맥라렌의 빈자리를 해밀턴이 채우게 된 셈이다. 떠나는 별과 새롭게 떠오르는 별의 운명적 교차는 이처럼 요란스럽게 진행되고 있었다.

FORMULA PYRAMID

F1 || NONE 연령 구분 없음
1,050 마력(추정)
1.6 리터 6 기통 터보엔진 796KG

F2 || 18-19 세
620 마력(추정)
3.4 리터 6 기통 터보엔진 755KG

F3 || 16-17 세
380 마력(추정)
3.4 리터 6 기통 자연흡기 엔진 673KG

F4 || 15-16 세
160 마력(추정)
1.6 리터 4 기통 엔진 570KG

KART || 3-14 세
34-50 마력
125 CC 2 행정 엔진 170KG

※ 제시된 스펙은 2023 시즌 FIA 기준이며 대상 연령은 권장 기준임.
루이스 해밀턴이 경험한 포뮬러 르노는 F4에 해당한다 할 수 있으며 당시에는 2리터급 르노 엔진을 사용했음.

프로 레이싱 드라이버의 성장 과정

포뮬러 피라미드

F1 드라이버가 되기 위한 과정은 마치 피라미드의 정점을 향한 등반과도 같다. 이를 '포뮬러 피라미드'라고 한다. ////////////// 용어부터 정의해보자. 포뮬러FORMULA라는 경주차 카테고리는 사전적 의미로 규정, 규칙이라는 어원에서 비롯되었다. 모터스포츠 초창기인 20세기 초반까지는 차체 구조나 배기량이 다른 차들이 경쟁하는 일도 있었다. 헤비급과 플라이급 권투 선수가 한 링에 오른 것처럼 스포츠의 기본 요건인 공정성이 확보되지 않았던 것이다. ////////////// 국제자동차연맹FIA은 이 문제를 해결하기 위해 1950년 통일된 기술 규칙으로 치르는 대회를 출범시키게 되었고, 이 때 규정에 의한 첫번째 경주차라는 의미로 FORMULA 1 이라는 이름을 붙인다. ////////////// 포뮬러는 기술적, 구조적 측면에서는 1인승에 타이어가 외부로 노출되어 있는 레이싱 전용 차를 의미한다. 비슷한 구조라도 바퀴가 차체 안으로 들어와 있는 레이스 전용차는 스포츠 프로토타입으로 분류된다. 그리고 이들의 대척점에 양산차형 레이스가 있다. ////////////// 따라서 포뮬러 피라미드는 다양한 형태의 모터스포츠 중 F1에 이르는 성장 과정을 설명하는 예시 정도로 이해해야 한다. ////////////// 대부분의 드라이버들은 유소년부터 15세 사이 카트를 타다 16~19세를 거치며 F4 ▶ F3 ▶ F2 ▶ F1의 단계를 밟는다. F2과거 GP2를 거치지 않고 F3나 F4급에서 F1으로 직행하는 경우도 있지만 일반적이지는 않다. ////////////// 출발점이 되는 카트는 유소년기부터 될 성싶은 떡잎을 가려내는 역할을 한다. 이례적으로 성인 무렵 레이스를 시작해 F1까지 올라섰던 타쿠마 사토(일본)의 사례가 있지만, 통상적으로는 유소년기부터 경주차 운동 특성을 체화하지 못하면 최정상급 드라이버로 올라서기는 힘들다. ////////////// 양산형차 레이스라면 이 과정을 생략하고도 성과를 낼 수 있을지 모른다. 그러나 F1처럼 시속 350km를 넘나드는 스피드를 정밀하게 다루는 초감각적 영역에 도달하고자 한다면 정석적인 포뮬러 피라미드형 성장이 가장 유리한 방법임은 분명하다. 7~8세부터 이 과정을 거친 드라이버들은 타이어 상태를 맨발로 땅바닥을 느끼듯 예민하게 감지할 수 있게 된다. ////////////// 루이스 해밀턴은 정석 코스를 밟은 드라이버다. 그는 8세에 카트에 입문, 16세에 F4급 주니어 포뮬러를 경험하고 F3 ▶ F2(GP2) ▶ F1에 이르는 포뮬러 피라미드 모든 단계에서 챔피언이 되었다. 그리고 그와 함께 경쟁하는 드라이버 19명의 성장 배경도 이와 크게 다르지 않다. 어쩌면 F1에서 드라이버간 능력차는 그야말로 종이 한 장에 불과할지 모른다. ////////////// 아쉽게도 우리나라에는 이 같은 포뮬러 생태계가 없다. 카트 입문자가 프로 리그 선수보다 적은 역 피라미드 구조이며, 이후 승급할 포뮬러 리그도 마땅치 않다. 국내 성장만으로는 한국인 F1 드라이버가 등장하기 어렵다는 이야기다.

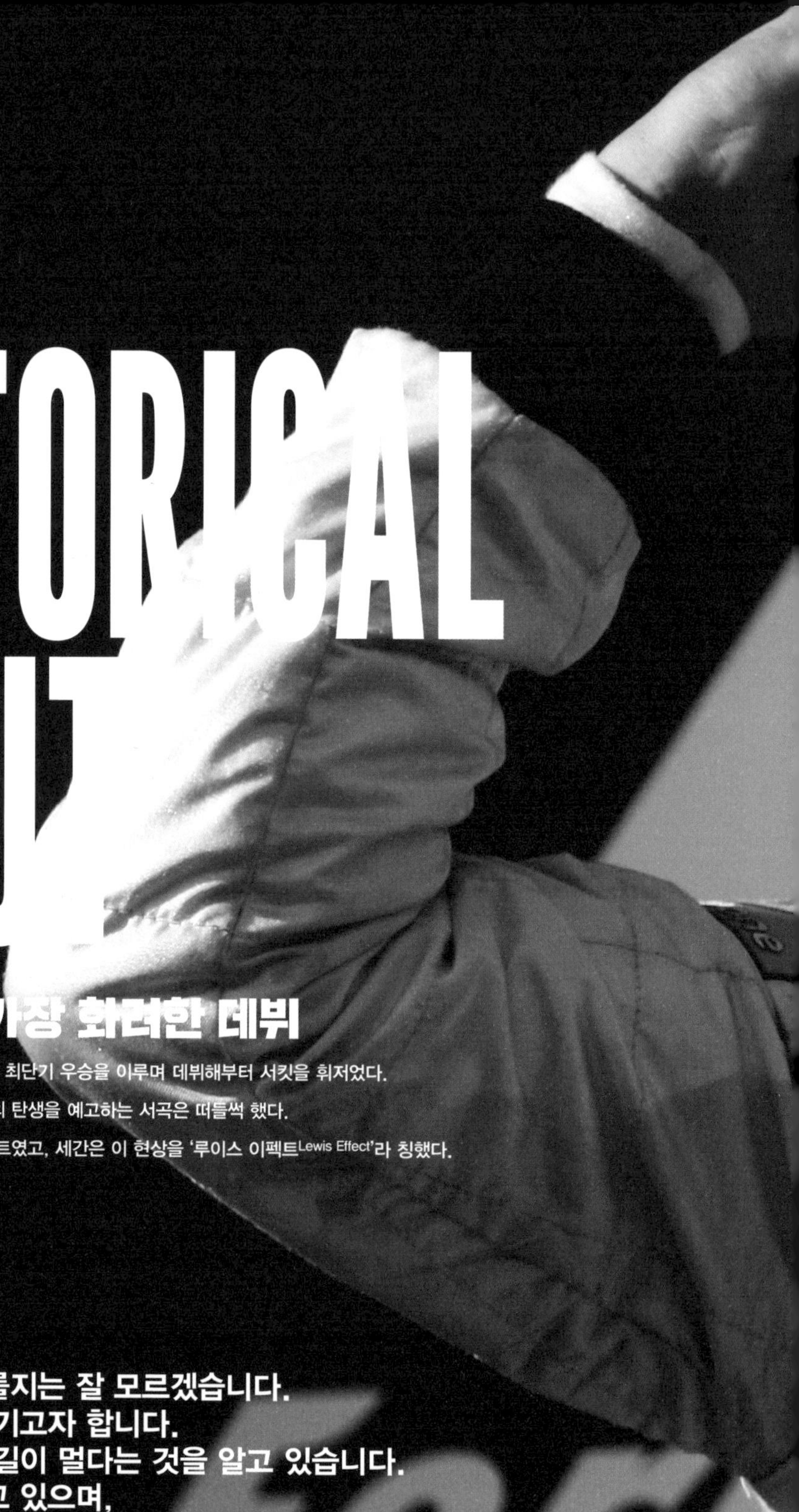

THE HISTORICAL DEBUT

레이싱 역사상 가장 화려한 데뷔

최초의 F1 흑인 드라이버 해밀턴은 역대 최단기 우승을 이루며 데뷔해부터 서킷을 휘저었다.

역사상 가장 뛰어난 포뮬러원 드라이버의 탄생을 예고하는 서곡은 떠들썩 했다.

신인이 받을 수 있는 최고의 스포트라이트였고, 세간은 이 현상을 '루이스 이펙트Lewis Effect'라 칭했다.

"

아직 다음에 무엇을 이룰지는 잘 모르겠습니다.
그저 지금 이 순간을 즐기고자 합니다.
꿈을 이뤘지만 아직 갈 길이 멀다는 것을 알고 있습니다.
더 많은 성공을 갈망하고 있으며,
더 많은 우승을 결심했습니다.

"

_ **루이스 해밀턴** 2008년 최연소 F1 챔피언 등극 후

FedEx
BOSS
HUGO BOSS
JOHNNIE
WALKER
aigo

01

세상을 뒤흔든 슈퍼 루키의 등장

루이스 해밀턴이 맥라렌팀의 풀 시즌 주전 자리를 차지한 2007년, F1은 중대한 변화를 맞았다. 황제 미하엘 슈마허가 은퇴하여 F1과 페라리를 떠난 첫 번째 시즌이었다. 그 여파로 맥라렌의 간판인 키미 라이코넨이 페라리로, 챔피언 페르난도 알론소가 르노에서 맥라렌으로 자리를 옮기는 초대형 이적이 연쇄적으로 이어졌다. 역설적으로 새로운 스타의 등장을 바라는 기대감도 높아졌다. 이해 유난히 F1에 데뷔한 신인이 많았다. 루이스 해밀턴은 물론, 같은 해 세바스찬 베텔(당시 토로로소), 헤이키 코발라이넨(당시 르노), 에드리안 수틸(당시 스파이커) 등 영재급 드라이버들이 그랑프리 무대에 첫 선을 보였다. 그 중에서도 단연 주목받는 신인은 22세의 해밀턴이었다. 역사상 최초이자 현재까지도 유일한 흑인 F1 드라이버의 등장이었기 때문이다. F1의 상업적 본거지인 영국 언론들은 개막 이전부터 엔트리 넘버 2번을 달고 뛰게 될 자국의 대형 루키 해밀턴 띄우기에 나섰다. 이는 F1이 흥행하는 다른 나라에서도 마찬가지였다. 최초의 흑인 F1 드라이버라는 타이틀은 모터스포츠 팬을 넘어 대중에게 먹히는 소재였다. 정작 해밀턴 본인은 한 인터뷰에서 대답하기 싫은 질문 1위로 "자신을 F1계의 타이거 우즈라 생각하나?"를 꼽았지만 말이다. 그럼에도 개막 이전까지 신인 해밀턴의 능력치는 여전히 미지수였다. 아무리 뛰어난 드라이버도 루키 시절은 많은 어려움을 겪기 때문이다. 천재로 불린 키미 라이코넨도 데뷔 첫 해 팀 동료 닉 하이드펠트보다 뒤진 순위였고, 1980~90년대 전설적 드라이버 알랭 프로스트와 나이젤 만셀, 그리고 위대한 레이서 슈마허도 데뷔 시즌에는 단 1승도 건지지 못했다.

소속팀 맥라렌조차 해밀턴의 활약을 예상치 못했을 것이다. 강력한 우승후보이자 2007 시즌 드라이버들 중 유일한 챔피언 타이틀 보유자인 알론소의 빛이 너무 강했기에 말이다. 2007년 3월 18일, 드디어 해밀턴의 F1 데뷔 경기인 호주 맬버른 개막전이 열린다. 결과는 라이코넨과 알론소에 이은 3위. 신인의 오프닝 레이스 성적으로는 매우 성공적 결과이자 역사상 처음으로 흑인 드라이버가 시상대에 오르는 그림이 만들어졌다(F1은 1~3위가 시상대에 오른다). 언론은 페라리 이적 첫 승을 거둔 라이코넨 만큼 해밀턴에도 주목했다. 고작 한 경기만에 맥라렌의 간판 알론소가 긴장해야 한다는 말이 나올 정도였다. 이 경기에서 해밀턴은 예선 4위로 출발, 레이스 중 2위까지 오른 뒤, 본인 실력과 무관한 피트 스톱(Pit Stop) 시간지체로 최종 3위가 되었다. 타이어 교체가 조금만 빨랐다면 알론소보다 앞선 포지션으로 경기를 마칠 수도 있었던 상황이었다. 돌풍은 여기서 멈추지 않았다. 해밀턴은 이어진 말레이시아와 바레인, 스페인, 모나코, 캐나다, 미국, 프랑스에 이어 홈 그라운드 영국까지 이어진 상반기 아홉 경기에서 모두 포디엄(1~3위 시상대)에 진출하는 대기록을 수립했다. 신인 드라이버가 데뷔 첫 경기부터 9회 연속 시상대에 오른 것은 역사상 해밀턴이 최초였고 현재까지도 유일한 일이다. 백미는 6라운드 캐나다 그랑프리.
몬트리올에서 열린 이 레이스에서 해밀턴은 1시간 44분 11초의 기록으로 1위에 오르며 개인 통산 첫 우승의 감격을 맛봤다. 2위 닉 하이드펠트(BMW 자우버)와의 차이는 4.3초. 이 승리로 시즌 종합 성적에서도 공동 선두였던 알론소를 제치고 당시 시점 드라이버 순위 1위로 다시 치고 나가게 되었다.
흑인 선수로 사상 첫 우승이었다. F1 역사에서 누구도 해밀턴처럼 빠르게 정상에 올라선 사례는 없었다. 당시까지 F1 최다승(91승), 최다 종합우승(7회)에 빛나는 슈마허조차 첫 우승은 18회째 출전 대회에서 이뤄냈으며, 최연소 F1 챔피언 기록 보유자였던 팀 선배 알론소의 첫 우승은 30번째 경기였다.
기대 이상의 성적은 엄청난 관심을 불러왔다. 이미 스페인 그랑프리를 마친 5월부터 해밀턴의 얼굴이 두 개의 영국 일간지 1면을 장식하며 거센 바람을 일으키기 시작했고, 4라운드 시점에서 팀 선배 알론소를 잠시 앞지르며 종합 순위 1위에 오르자 장작불에 기름을 부은 듯 화제가 확산되었다. 해밀턴의 활약은 2007년 영국의 F1 경기당 TV 시청자수에도 영향을 미쳤다. F1 전문 인터넷 미디어 F1-LIVE는 "2007 캐나다 그랑프리는 영국 내에서 770만 명이 TV 중계를 지켜봤는데 이는 지난해 540만 명보다 크게 늘어난 수치"라 보도했다. 또 해밀턴이 우승한 미국 그랑프리의 경우도 영국에서 730만 명이 시청해 전년보다 200만 명이나 늘어났다. 이해 영국내 F1 중계 평균 시청자수는 경기당 340만명으로 전년도(240만명)보다 41% 성장했다.
미디어 리서치 회사 스포츠마케팅서베이(SMS)의 당시 조사 결과 영국 신문이 F1을 다룬 기사 분량도 전년보다 70% 늘어났다. 이는 축구 프리미어리그 우승팀이 가려지는 매치와 비슷한 관심이었다. 영국방송 BBC의 '올해의 스포츠인' 예선 집계에서도 44%의 투표자들이 해밀턴을 지지하며 큰 차이로 1위에 오르기도 한다. 2위는 테니스 스타 엔디 머레이 (23% 득표), 3위는 권투선수 조 칼자게(11%) 였다. 같은 영국 드라이버 젠슨 버튼(훗날 F1 챔피언에 오른다)의 이름도 널리 알려졌지만 해밀턴의 스타성을 따라잡기에는 역부족이었을 정도다. 2007년 맥라렌의 메인 스폰서가 된 스페인계 금융기업 산탄데르는 해밀턴을 메인 모델로 기용한 TV 광고를 만들며 그를 영국의 국민적 영웅으로 대접하게 된다.
영국뿐만이 아니었다. 이 시기 전세계적으로 해밀턴에 대한 관심이 가시화되며 당시 시점 구글 트렌드 분석에서 F1 드라이버 중 가장 많은 검색량을 보이게 된다. 이제 포뮬러원에 새로 등장한 슈퍼 신인에 대한 기대감은 터질 듯 부풀어 새내기가 감당하기 힘든 심리적 부담을 걱정하는 보도가 나올 정도가 되었다. 물론 모터스포츠계에서 찾아보기 힘들던 피부색이 그의 레이스 실력보다 큰 주목을 받았을지 모른다. 당시 골프 스타로 등극하며 연일 스포츠 뉴스의 톱을 장식한 타이거 우즈에 이어 흑인의 도전이 불가능하다 여겨졌던 모터스포츠 종목에서도 100년넘게 이어진 인종의 벽이 허물어지기 바라는 응원 심리가 작동하고 있었다.
역사상 가장 뛰어난 포뮬러원 드라이버의 탄생을 예고하는 서곡은 이처럼 떠들썩 했다. 신인이 받을 수 있는 최고의 스포트라이트였고, 세간은 이 현상을 '루이스 이펙트'(Lewis Effect)라 칭했다.

RBS
Formula 1
CHAMPIONSHIP
GRAND PRIX
DU CANADA
MONTRÉAL 2007
Formula 1
Santander
vodafone
PETRONAS
MUMM

02 갈등과 견제가 불러온 단 1점차의 패배

해밀턴의 데뷔 초반 파죽지세는 강한 빛이 짙은 그림자를 만들 듯, 원치 않은 반작용도 불렀다. 해밀턴이 시즌 중반 득점 선두로 치고 올라오자 이제 그를 향한 견제와 내부의 갈등, 그리고 세간의 지나친 관심이 주는 압박감이 발목을 잡기 시작했다. 그리고 적은 가까이 있었다.

해밀턴은 데뷔 시즌 팀 동료이자 전년 챔피언 페르난도 알론소의 존재감을 극복해야 하는 숙제를 안는다. 주변과 언론은 이 경쟁을 더욱 부추겼다. 알론소는 두 차례 월드 챔피언을 차지한 당대 최고의 드라이버. 그에게 자신과 대등한 경쟁력을 보여주는 제2 드라이버이자 신인인 해밀턴은 불편한 존재일 수밖에 없었다. 아직 풋내기인 해밀턴의 입장에서도 동료이자 최고의 선배와 치르는 라이벌전은 엄청난 심적 소모였다. 맥라렌이 뉴질랜드 출신 신경과학자 케리 스팩맨 박사를 동원하여 신예 해밀턴의 심리적 안정을 위한 트레이닝 프로그램을 운영했을 정도다.

타고난 재능에 승부사 기질까지 갖췄던 챔피언 알론소는 민감했다. 맥라렌이 제1 드라이버인 자신에게 충분히 집중하지 않는다 생각했고, 해밀턴의 인기는 그의 주도권을 위협했다. 드라이버 모두에게 공정한 기회를 주어야 경쟁력이 높아진다는 맥라렌의 입장과, 두 차례 월드 챔피언에 오른 자신에게 역량을 집중하는 것이 팀에 도움이 된다는 알론소의 생각은 첨예하게 대립했다.

실제로 론 데니스가 공공연히 해밀턴을 아들처럼 대하는 모습을 연출했고 이를 지켜본 알론소는 자신 중심의 팀을 만들기는 어렵다고 여기게 되었다. 심상치 않은 분위기가 이어지다 시즌 중반 결국 알론소와 맥라렌의 불화가 표면으로 터져 나왔다. 발화지는 2007년 8월 헝가리 그랑프리였다.

먼저 도발한 쪽은 해밀턴이라 할 수 있다. 헝가리 대회 예선에서 해밀턴은 알론소가 우선 출발하도록 한 팀 내의 약속을 어기고 먼저 트랙에 들어서게 된다. 출발 순서에 민감했던 알론소도 가만히 있지 않았다. 예선에서 피트 작업을 마친 알론소가 특별한 이유 없이 10초 이상 그 자리에 더 머물며 뒤에서 대기하던 해밀턴의 시간을 뺏는다.

예선전 참가자들은 주행이 거듭되어 연료 무게가 줄어든 마지막 타임어택 기회에서 최고 기록을 내는데, 해밀턴은 제때 출발하지 못해 이 결정적 기회를 빼앗긴 것이다. 알론소는 정상적으로 최종 주행에 나서 해밀턴보다 0.1초 빠른 기록으로 폴포지션을 잡았다. 이 이슈로 론 데니스가 헤드폰을 집어 던질 만큼 팀

분위기는 망가졌다.
그럼에도 본선 레이스의 최종 승자는 해밀턴이었다. 알론소가 전날 피트에서의 고의지연으로 5초 페널티를 받았기 때문이다. 알론소는 경기 결과 해밀턴이 자신과 동률인 시즌 3승을 거둔 것은 물론 득점 경쟁에서 오히려 앞서가자 결국 짓누르던 감정을 터트려 버린다.
이 즈음 맥라렌은 팀 창단후 최악의 스캔들에 휘말렸다. 이른 바 '맥라렌 스파이 게이트'라 불리는 사건이다. 경쟁팀 페라리의 엔지니어 나이젤 스테프니가 핵심 기술 정보를 맥라렌에 빼돌렸다는 의혹이다. FIA(국제자동차연맹)가 두 차례에 걸친 조사에 나섰고, 결국 사실로 판정되었다.
이 조사에 간접적 단초를 제공한 게 바로 알론소다. 알론소는 론 데니스에게 자신 위주로 팀을 이끌지 않으면 스파이 게이트 관련 내부 이메일을 공개하겠다는 취지의 최후통첩을 했다. 이에 격노한 데니스는 오히려 FIA에게 자신을 협박한 알론소의 처벌을 요청했다. 이 과정에서 당초 무혐의로 일단락되었던 스파이 게이트 조사가 전혀 다른 국면에 접어들었다. 이해하기 힘들지만 론 데니스가 사건의 의혹을 FIA에게 다시 한 번 상기시킨 꼴이 되었다. 맥라렌은 엔지니어들 간의 개인적 일탈이며, 기술 정보로 얻은 이득이 없다고 항변했지만 그해 컨스트럭터즈 챔피언십 포인트(팀 득점)가 몰수된 것은 물론 1억 달러의 벌금 처분까지 받았다. 모터스포츠 역사상 최대 규모 벌금이었다. 해밀턴도 이 사건으로 FIA 조사를 받는 등 정치적으로 곤란한 입장에 빠졌다.
불행 중 다행으로 해밀턴과 알론소에 대한 개인 징계는 이루어지지 않아 드라이버 챔피언십 경쟁은 이어갈 수 있었다. 이제 알론소와 맥라렌의 관계는 돌아올 수 없는 강을 건너게 된다(결과적으로 알론소는 맥라렌 활동 1년 만에 팀을 떠나 다음해 2008년 다시 르노로 복귀한다). 컨스트럭터즈 챔피언십 자체가 물 건너간 상태에서, 계약상 남은 시즌 잔류할 수밖에 없는 알론소와, 그를 확실한 적으로 간주하게 된 해밀턴이 2007 시즌 후반 불편한 동거를 이어가게 된다.
이후 알론소가 13라운드 이탈리아에서 1승을 추가하고, 뒤질 세라 해밀턴도 16라운드 일본에서 승리를 더하며 둘은 나란히 시즌 4승으로 챔피언

타이틀을 겨냥했다. 그리고 맞이한 최종 17라운드 브라질 그랑프리. 시즌 내내 상위권을 유지해온 해밀턴이 107점을 쌓으며 선두를 지키고 있었다. 이제 공공연한 라이벌이 된 알론소가 103점(4점차), 페라리의 라이코넨이 100(7점차)점으로 뒤를 따랐다. 이 점수차는 해밀턴이 5위 안에만 들면 챔피언이 될 수 있다는 의미였다. 앞선 해밀턴의 경기력을 생각할 때 이는 손쉬운 일로 보였고 이제 데뷔 시즌 챔피언 등극이라는 대기록 달성을 눈앞에 두게 되었다. 팀의 입장에서도 스파이 게이트로 얼룩진 명예를 회복할 기회였다. 적어도 팀 드라이버 둘 중 하나가 챔피언이 될 확률이 높았기 때문이다.

그러나 론 데니스의 마지막 희망은 이루어지지 않았다. 해밀턴은 펠리페 마사(페라리)에 이어 예선 2위로 출발했지만 스타트에서 4위로 밀린 데 이어 다시 알론소를 추월하는 과정에서 경주차가 고장나 버렸다. 완주는 했으나 결국 최종 순위 7위로 단 2점 추가에 그쳤다. 앞선 2007 시즌 16회의 경기 중 그가 5위밖으로 밀린 일은 단 두 차례에 불과했기에 설마 했던 최악의 결과가 나온 것이다.

이 덕에 알론소가 3년 연속 챔피언을 차지하는가 했지만, 탁월한 피트 스톱 작전으로 맞선 페라리가 결국 라이코넨을 1위로 끌어 올리며 극적으로 승부를 뒤집었다. 라이코넨은 생애 첫 월드 챔피언이 되었고, 2위 해밀턴과의 포인트 차이는 단 1점에 불과했다. 알론소 역시 해밀턴과 동률인 109점을 올렸고 우승횟수도 같았지만 2위 입상 횟수에서 밀려 시즌 종합 순위는 3위로 마무리된다. 상위 3명 모두 100포인트 이상을 올렸고, 이는 1위에 10점을 주는 포인트 방식(현재는 25점)에서는 역사상 처음 있는 일이었다. 그만큼 2007년의 경쟁은 박빙의 승부였다. 페라리가 뛰어났음은 분명하지만 맥라렌의 내부 경쟁 과열이 아니었다면 해밀턴에게 영광이 돌아갔을지 모른다. 맥라렌과 해밀턴에게는 통한의 아쉬움이 남았다. 하지만 미완의 기대주로 출발한 해밀턴이 강력한 챔피언 후보로 올라선 시즌이기도 했다. 그는 더블 챔피언인 팀 동료 알론소를 눌렀고, 이제 가장 주목받는 스타 드라이버가 되어 있었다. 슈퍼 루키의 데뷔 시즌은 화려하면서도 안타까운 1년이었다.

03

드라마 같은 최초의 흑인 챔피언 등극

환호와 아쉬움이 교차한 데뷔 시즌을 보낸 해밀턴에게 평생 기억에 남을 2008년이 돌아왔다. 이제 해밀턴은 제1 드라이버가 되어 헤이키 코발라이넨(핀란드)을 새로운 팀동료로 맞이한다. 맥라렌은 해밀턴 중심으로 돌아가게 되었고 연초부터 5년의 동행을 약속하는 새 계약을 안기며 신뢰를 확인했다.

F1의 경기규정도 살짝 달라졌다. 타이어 공급사가 브리지스톤 원메이크로 개편되어 더 이상 미쉐린과의 2사 경쟁이 벌어지지 않게 되었고, 7년간 허용되었던 트랙션 컨트롤도 금지되었다. 타이어 성능차나 전자 장비의 개입이 줄어들며 반대급부로 드라이버의 역할 비중이 높아진 셈이다. 이 변화가 누구에게 유리하게 작용할지는 아직 미지수였지만 말이다.

해밀턴은 이해 초반 영국에서 스위스로 거주지를 옮기며 삶의 변화를 꾀했다. 영국의 높은 세금을 회피하는 것이라는 비난을 받기도 했지만 많은 드라이버들이 조세 회피처로 택하는 모나코를 대신해 스위스의 조용하고 평화로운 지역을 고른 것은 그보다는 파파라치의 부담을 피하려는 선택으로 보는 것이 맞다는 의견이다.

vodafone
JOHNNIE WALKER
aigo
vodafone
NESCAFÉ
SCHUCO

스타가 되어 맞이한 새 시즌의 출발은 호조였다. 2008년 3월 16일 열린 개막전 호주 그랑프리에서 해밀턴은 닉 하이드펠트(자우버)를 5.4초 차로 따돌리고 첫 승을 거둔다. 예선 1위로 출발, 끝까지 선두를 유지했다. 다만 연이은 사고로 22대 중 단 7대만 완주한 혼란의 레이스였기에 개막전 한 경기 만으로 각 팀의 진정한 전력을 확인하기 힘들었다.
아니나다를까 다음 경기부터 챔피언팀 페라리가 힘을 내기 시작한다. 키미 라이코넨과 펠리페 마사가 번갈아 우승을 차지하며 말레이시아, 바레인, 스페인, 터키로 이어진 2~4라운드를 페라리의 독주 시대로 만든다.
같은 기간 해밀턴은 비록 초반기세를 내주었지만 이어진 6~7라운드 모나코와 캐나다에서 연승하며 4경기에서 3 → 2 → 1 → 1위의 상승세를 잇게 된다.
이어 영국과 독일로 이어진 9~10라운드에서도 연승하며 포인트 경쟁에서 앞서 나갔다. 이후 17라운드 중국 그랑프리에 가서야 시즌 5승을 거두지만 마지막 경기를 앞두고 여전히 득점 선두를 지키고 있었다.
그리고 대망의 시즌 최종전 브라질 그랑프리는 94포인트의 해밀턴과 87포인트의 펠리페 마사(페라리)가 벌이는 마지막 승부가 되었다. 해밀턴이 자력으로 챔피언이

될 수 있는 경우의 수는 최소 5위 진입. 공교롭게도 단 1점차 패배의 쓰라림을 남긴 전년도와 판박이 같은 상황이었다. 상대가 라이코넨에서 펠리페 마사로 바뀐 것 말고는 말이다.
2008년 11월 1일 열린 브라질 그랑프리의 예선. 다음날 레이스 출발 위치를 결정하는 중요한 경쟁에서 고향 상파울루의 기운을 받은 펠리페 마사가 폴포지션을 잡았다. 같은 팀 라이코넨이 3위, 해밀턴은 그 뒤인 4위 위치에 서게 된다. 페라리 두 대가 그의 앞을 좌우로 막고 선 형국이었다.
5위권 유지가 목표였던 해밀턴은 예선 후 "내일 나만의 경주에 집중할 것이다. 힘든 오후가 되겠지만 현재와 같은 순위(4위)로 레이스를 마무리하기에 좋은 위치에 있으며, 그것이 우리의 목표다. 우리는 화려할 필요가 없다" 고 말했다. 무리하지 않고 포인트에 집중하겠다는 의지였다. 그리고 운명의 레이스 데이(Race Day), F1 기상정보팀이 분주해졌다. 레이스 도중 강한 비가 예고되었기 때문이다. 이 먹구름이 결국 드라마 같은 대반전을 만든다. 레이스 흐름은 해밀턴에게 불리하게 돌아갔다. 경기 후반 강한 빗줄기가 쏟아졌고 마사가 여유 있게 1위 자리를 지키는 동안 해밀턴은 6위로 밀렸다. 69랩에서 빗길에 오버런을 한 까닭이었다.

남은 시간이 부족했다. 더구나 그의 앞 자리 5위 포지션은 독일이 슈마허의 후계자로 여기는 실력파 신예 세바스찬 베텔(토로 로소)이었기에 순위를 한 계단 올리기는 힘들어 보였다. 이대로 타이틀을 내줄 것 같던 마지막 랩. 기적 같은 기회가 찾아온다. 베텔에 앞서 달리던 4위 티모 글록(토요타)이 빗길에 그립을 잃고 휘청거렸고 이 틈을 베텔과 해밀턴이 동시에 파고 들었다. 결승점을 불과 300m 남겨 둔 마지막 랩, 마지막 코너에서 벌어진 기적적 추월이었다.

이제 5위 베텔이 4위로, 6위 해밀턴이 5위로 한 계단 올라서 경기 종료를 알리는 체커 깃발을 받게 된다.

해밀턴과 마사의 포인트는 최종적으로 98점 대 97점. 단 1점차 승부의 위너는 해밀턴이었다. 역사상 최초의 흑인 챔피언이 등장하는 순간은 이처럼 극본 없는 드라마 같았다. 해밀턴은 동시에 최연소 월드 챔피언 기록도 달성한다. 이는 지난 시즌 그를 괴롭혔던 알론소가 보유한 기록이었다.

F1 그랑프리 역사에서 최종전에서 1점 차이로 챔피언의 명암이 갈린 경우는 여덟 번이다. 그 중 2007년과 2008년 두 차례 승부에서 해밀턴이 주연을 맡았다. 2007년은 패배자로 2008년은 승리자로서 말이다.

2007년 이전 마지막 1점차 승부가 이루어진 것은 1994년으로, 당시 신예였던 미하엘 슈마허가 데이먼 힐과의 경쟁에서 극적 역전극을 펼쳤다. 해밀턴은 이로부터 14년만에 벌어진 최종전 벼랑 끝 승부에서 챔피언이 되었기에 이 경기는 두고두고 회자되는 명승부로 기억된다. 소속팀 맥라렌 역시 비록 컨스트럭터즈 타이틀은 페라리에 내주었지만 챔피언을 배출한 팀으로 복귀하면서 지난해의 아픈 기억을 덮을 수 있었다. 이 승리가 현재(2023년 기준)까지 팀의 마지막 챔피언 타이틀이라고는 생각치 못했지만 말이다. 당시 영국 수상 고든 브라운도 경기 후 곧바로 "해밀턴의 F1 챔피언 확정은 영국의 경사"라며 "대영제국 전체가 그의 비범한 재능에 흥분을 감추지 못하고 있다"는 축하 메시지를 전했다.

공교롭게도 해밀턴이 흑인으로서 F1 첫 챔피언이 되던 2008년, 세계 최강대국 미국에서 버락 오바마가 건국이후 최초의 흑인 대통령에 당선된다. 이 바람을 타고 해밀턴의 성과도 인종의 벽을 허문 사회적, 역사적 변화의 증거 중 하나로 묶이며 평년 F1 챔피언 결정과는 비교할 수 없이 높은 화제를 창출한다. 해밀턴도 당시 "오바마의 당선 관련 뉴스는 자꾸만 봐도 질리지 않는다. 오바마에게 존경과 함께 축하의 뜻을 전하고 싶다"고 의견을 냈다.

한편 이해 거둔 해밀턴의 성과는 훗날 다소 평가절하되기도 했다. 다음해 밝혀진 '크래쉬 게이트' 때문이다. F1 역사상 최초의 야간 레이스였던 2008 싱가포르 그랑프리에서 르노가 소속팀 알론소의 우승을 위해 팀 동료 넬슨 피케 주니어에게 고의 사고를 지시해 경기 진행을 방해한 승부조작 사건이다.

르노는 알론소를 일반적 타이밍보다 빨리 피트인 시켜 연료와 타이어를 채우게 한 뒤, 넬슨 피케 주니어에게 사고처리가 어려운 지점에서 스스로 벽을 받고 트랙을 가로막게 했다. 추월이 금지되고 대열을 이룬 채 서행해야 하는 세이프티카가 나왔고, 이제 연료가 떨어진 경쟁자들은 손해를 감수하고 피트로 들어와야 했다. 선두를 달리던 페라리의 펠리페 마사 역시 의도적으로 야기된 혼란의 피트 스톱에서 연료 호스가 뽑히지 않은 채 출발하는 실수로 패널티를 받으며 무득점으로 경기를 마쳤다. 우승자는 알론소였다.

크래쉬 게이트는 이듬해 2009년 피케 주니어가 르노에서 해고되자 보복으로 전년 사건을 폭로하며 비로소 진상이 드러났다. 승부 조작에 대해 전혀 몰랐다고 주장한 알론소는 어떠한 징계도 받지 않았지만 팀 대표 브리아토레는 모터스포츠계에서 영구 제명되었다.

일부 팬들은 2008년 챔피언십이 단 1점 차 승부였음을 상기시키며 싱가포르 사건이 아니었다면 이 때 10점이나 손해본 마사가 종합우승 했을 것이라 주장했다.

마사는 이 사건과 관련 2023년 까지도 F1과 FIA를 상대로 법적 조치를 계속하고 있다. F1 회장 버니 에클레스턴이 2008년 당시 이미 사건을 인지하고 있어 적절한 조치가 가능했음에도 챔피언십 타이틀과 관련한 조정이 가능했던 시기에 이를 묵인해 피해를 입었다는 주장이다. 어쨌든 해밀턴은 행운이든 실력이든 이렇게 F1 데뷔 단 2년이라는 초단기간에 정상에 우뚝 서게 된다. 그리고 그의 진짜 전성기는 아직 시작되지도 않았다.

VODAFONE

주요 F1 드라이버들의 데뷔 시즌 성적

F1은 신인들에 가혹한 리그다. 루이스 해밀턴의 데뷔 첫 해 종합 2위가 역대 가장 좋은 순위다. 누구나 신인이었던 F1 창설연도 1950년을 제외하면 말이다. 과거 F1에서는 신인이 시즌 중간 합류하거나 1~2 경기 단기 참가 형식으로 데뷔하는 일이 많아 첫 해 성적에 영향을 미쳤다. 또 톱 팀들이 신인을 기피하고 검증된 드라이버를 주전으로 기용하는 분위기였던 점도 고려되어야 한다. 우승권 팀에서 풀 시즌 주전으로 데뷔한 것 만으로도 해밀턴이 많은 이득을 본 것이다. 최근 드라이버 모두를 살펴보아도 데뷔 해에 종합 10위안에 오른 경우는 2001년의 키미 라이코넨(10위), 2007년의 루이스 해밀턴(2위)밖에 없다. 또 데뷔 2년차에 챔피언에 오른 해밀턴의 기록 역시 역대 최단기다. 1970년대 에머슨 피티팔디가 3년만에 챔피언이 된 것이 그 다음으로 빠른 기록이다. 그 외 역대급 천재 드라이버들도 보통 4~5년차에 챔피언 타이틀을 가질 수 있었다. 챔피언에 올랐던 역대 드라이버 중 주요 20인의 F1 첫 시즌 성적과 데뷔 후 챔피언이 되기까지 걸린 기간에 대해 알아보자.

© 사진 후안 마누엘 판지오

20 THE FIRST STEPS FOR 20 GREAT DRIVERS

F1	데뷔 시즌 성적
JUAN MANUEL FANGIO 후안 마누엘 판지오 | 1950년 | 1위 *F1 창설연도	1
★ LEWIS HAMILTON 루이스 해밀턴 | 2007년 | 2위	2
JACKIE STEWART 재키 스튜어트 | 1965년 | 3위	3
JAMES HUNT 제임스 헌트 | 1973년 | 8위	8
AYRTON SENNA 아일톤 세나 | 1984년 | 9위	9
JIM CLARK 짐 클락 1960년 | 10위	10
EMERSON FITTIPALDI 에머슨 피티팔디 | 1970년 | 10위	10
KIMI RÄIKKÖNEN 키미 라이코넨 | 2001년 | 10위	10
MAX VERSTAPPEN 막스 베르스타펜 | 2015년 | 12위	12
MICHAEL SCHUMACHER 미하엘 슈마허 | 1991년 | 14위	14
SEBASTIAN VETTEL 세바스찬 베텔 2007년 | 14위	14
ALAIN PROST 알랭 프로스트 | 1980년 | 16위	16
FERNANDO ALONSO 페르난도 알론소 | 2001년 | 23위	23
GRAHAM HILL 그레이엄 힐 | 1958년 | 순위권 진입 실패 *무득점	-
MARIO ANDRETTI 마리오 안드레티 | 1968년 | 순위권 진입 실패 *무득점	-
NIKI LAUDA 니키 라우다 | 1971년 | 순위권 진입 실패 *무득점	-
NELSON PIQUET 넬슨 피케 | 1978년 | 순위권 진입 실패 *무득점	-
KEKE ROSBERG 케케 로즈버그 | 1978년 | 순위권 진입 실패 *무득점	-
NIGEL MANSELL 나이젤 만셀 | 1980년 | 순위권 진입 실패 *무득점	-
DAMON HILL 데이먼 힐 1992년 | 순위권 진입 실패 *무득점	-

데뷔 후 챔피언 등극까지 걸린 기간

ⒹEBUT ⒸHAMPION

JUAN MANUEL FANGIO	후안 마뉴엘 판지오	Ⓓ1950	Ⓒ1950	*F1 창설연도
★ LEWIS HAMILTON	루이스 해밀턴	Ⓓ2007	Ⓒ2008	2년
EMERSON FITTIPALDI	에머슨 피티팔디	Ⓓ1970	Ⓒ1972	3년
JIM CLARK	짐 클락	Ⓓ1960	Ⓒ1963	4년
JAMES HUNT	제임스 헌트	Ⓓ1973	Ⓒ1976	4년
NELSON PIQUET	넬슨 피케	Ⓓ1978	Ⓒ1981	4년
MICHAEL SCHUMACHER	미하엘 슈마허	Ⓓ1991	Ⓒ1994	4년
SEBASTIAN VETTEL	세바스찬 베텔	Ⓓ2007	Ⓒ2010	4년
GRAHAM HILL	그레이엄 힐	Ⓓ1958	Ⓒ1962	5년
NIKI LAUDA	니키 라우다	Ⓓ1971	Ⓒ1975	5년
KEKE ROSBERG	케케 로즈버그	Ⓓ1978	Ⓒ1982	5년
AYRTON SENNA	아일톤 세나	Ⓓ1984	Ⓒ1988	5년
DAMON HILL	데이먼 힐	Ⓓ1992	Ⓒ1996	5년
FERNANDO ALONSO	페르난도 알론소	Ⓓ2001	Ⓒ2005	5년
ALAIN PROST	알랭 프로스트	Ⓓ1980	Ⓒ1985	6년
JACKIE STEWART	재키 스튜어트	Ⓓ1965	Ⓒ1971	7년
KIMI RÄIKKÖNEN	키미 라이코넨	Ⓓ2001	Ⓒ2007	7년
MAX VERSTAPPEN	막스 베르스타펜	Ⓓ2015	Ⓒ2021	7년
MARIO ANDRETTI	마리오 안드레티	Ⓓ1968	Ⓒ1978	11년
NIGEL MANSELL	나이젤 만셀	Ⓓ1980	Ⓒ1992	13년

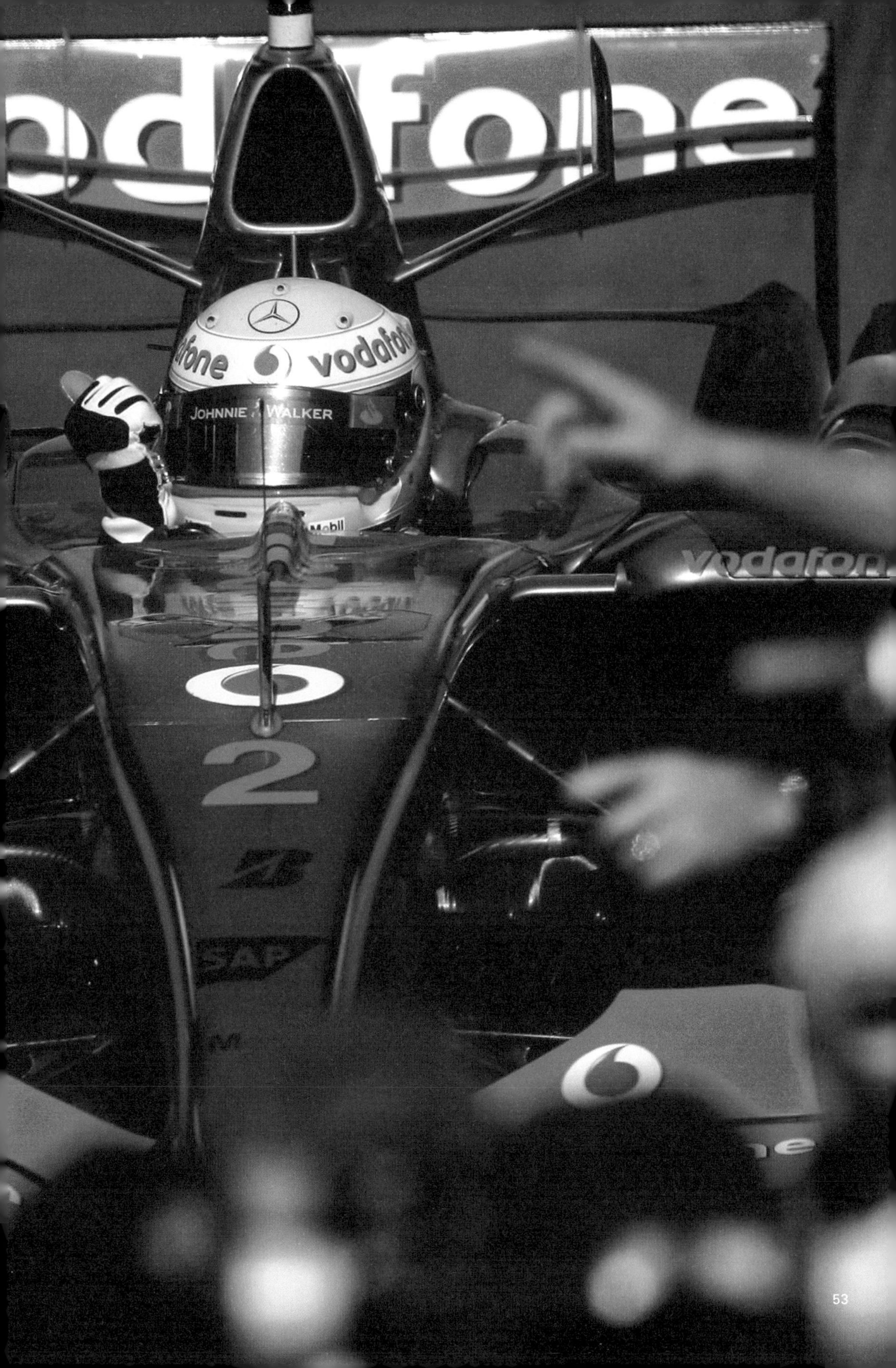
odafone
vodafone
JOHNNIE WALKER
Mobil
vodafon
2
SAP

THE DEPRESSION IN THE GROUND

침체기에 빠지다

챔피언이 된 이후 연이은 시즌에서 해밀턴은 타이틀을 방어하지 못한다.

새로운 규정의 변화가 가져온 결과였다.

길어진 침체기는 그에게 새로운 선택을 강요한다.

자신을 키워준 고향팀과의 이별을 준비하게 된 것이다.

“

맥라렌과 함께 했던 시간은 정말 멋졌습니다.
그들은 저에게 많은 지원과 기회를 주었고,
저는 모든 것에 감사합니다.
여기 있는 사람들이 그리울 것입니다.
하지만 메르세데스와의 새로운 도전 역시 기대가 됩니다.

”

_ **루이스 해밀턴** 맥라렌을 떠나며

01

변화가 몰고 온 위기

역대 최연소 월드 챔피언 타이틀을 차지한 해밀턴은 이제 엔트리 넘버 1번을 달고 2009 시즌을 맞이한다. 영국 여왕 엘리자베스 2세는 1996년 이후 12년 만의 영국인 F1 챔피언 배출을 축하하며 이해 3월 버킹엄궁에서 해밀턴에게 대영제국훈장(Member of the Order of the British Empire, MBE)을 수여한다. 해밀턴은 "여왕 폐하를 직접 뵌다는 사실에 너무 떨렸다. 가장 특별한 경험이어서 할 말을 잃었을 정도였다. 여왕께서 마지막 레이스를 직접 지켜봤다고 하셨다"고 소감을 밝혔다. 영광스러운 시즌의 출발이었다.

Mercedes-Benz
Mobil 1
BOSS
HUGO BOSS
Santander

하지만 정상의 위치에서 맞이한 2009년의 판도는 크게 뒤흔들리고 있었다. FIA가 F1에서 추월 기회를 늘리고, 늘어나는 참가 비용을 억제키 위해 새 기술 규정을 시행했기 때문이다. 우선 타이어에 의무적으로 홈을 파게 한 규정을 폐지하며 1998년 이후 10년 만에 슬릭 타이어(Slick Tire)를 부활시켰다. 타이어 접지력은 20% 정도 높아졌고 코너링 스피드도 개선되었다.

이는 차체 공기역학 관련 규제를 강화하면서 이에 대한 속도 보상차원에서 이루어진 조치로 해석된다. 새 규정에 따라 앞날개는 드라이버가 경기 중 각도를 조정할 수 있게 되었고 뒷날개는 25%가량 작아졌다. 이와 함께 일부 에어로다이나믹 관련 부품(바지 보드, 윙렛 등)도 금지해 추월을 노리는 뒷차에 유리한 공기흐름을 유도했다.

엔진 규정도 달라졌다. 2008년까지는 드라이버들이 1개 엔진으로 2경기를 소화했지만 2009년부터는 1분당 회전수를 전년보다 1,000rpm 줄인 1만 8,000rpm의 엔진을 3경기 연속해 쓰도록 하고, 연간 사용 개수도 8개로 제한했다. 엔진 내구성이 변수로 떠오른 셈이다. 이론상으로는 대규모 자금을 투입할 수 있는 상위팀과 중하위팀의 경쟁력 차이가 다소 줄어들게 되었다.

이와 함께 브레이크에서 발생하는 열을 동력 에너지로 저장하는 회생제동 에너지 기술인 KERS(Kinetic Energy Recovery System)가 시범도입 되는 등 친환경 기술도 새로 선보였다. KERS를 달면 레이스 도중 드라이버가 원할 때 약 7초간 80마력의 출력이 늘어나 추월에 유용할 수 있지만 무게가 60kg나 늘어나는 부담을 안아야 했다.

이 같은 규정 변화는 레이스의 판도를 바꾸었다. F1 차체 설계의 대가인 레드불의 에드리안 뉴이가 "1983년 이후 가장 큰 변화"라 말했을 정도다. 실제로 2009년 F1은 해밀턴이 타이틀을 차지한 전년과 전혀 다른 양상으로 흘러간다. 새 규정에 발빠르게 대응한 신생팀과 중위권팀이 약진했고, 톱 2로 분류되던 페라리와 맥라렌은 뒤처졌다. 최대 수혜자는 이해 창단한 브론GP였다. 슈마허와 함께 페라리의 전성기를 이끈 뚝심의 엔지니어이자 천재 전략가 로스 브론이 F1에서 철수한 혼다팀을 인수해 자기 이름을 붙인 팀이다. 로스 브론은 해체 수순을 밟던 팀을 급히 사들였지만 규정변화에 누구보다 영리하게 적응한 변칙적 경주차 디자인을 선보이며 파란을 일으켰다. 주전 젠슨 버튼(영국)이 2009년 개막전 호주 그랑프리를 시작으로 7라운드 터키까지 무려 6승을 독식하며 초반 기세를 장악해버린 것이다.

같은 기간 챔피언 해밀턴은 한 차례도 포디엄에 오르지 못했다. 우승권을 다투던 페라리 역시 라이코넨의 모나코 3위 입상을 제외하면 시즌 초반 시상대 근처에도 가지 못했다. 상위팀의 판도가 완전히 달라졌다. 반격을 시도한 해밀턴이 10라운드 헝가리와 14라운드 싱가포르에서 우승하며 체면을 차렸지만 흐름을 되돌릴 수는 없었다. 한 해 만에 경쟁력을 잃어버린 맥라렌의 경주차로는 정면승부가 어려웠다.

결국 브론GP가 F1 역사상 처음으로 팀 창단 시즌에 컨스트럭터와 드라이버 챔피언십(젠슨 버튼)을 모두 석권하게 된다. 해밀턴은 데뷔 후 가장 낮은 종합 5위에 머물렀고 맥라렌의 컨스트럭터즈 순위는 레드불에도 뒤진 3위였다. 우승팀 브론이 같은 메르세데스 벤츠 엔진을 사용했기에 차체 디자인 차이에서 벌어진 완벽한 패배라 할 수 있었다.

신생팀의 기적으로 막을 내린 2009 시즌이 지난 후 다시 돌아온 2010년은 한국에서 F1이 열린 첫 번째 해였다. 규정에 적응하기 시작한 전통의 강호 맥라렌과 페라리는 새 시즌을 맞아 변화를 모색한다. 맥라렌은 헤이키 코발라이넨을 대신해 신생팀 창단 우승의 주역인 젠슨 버튼을 영입했다. 해밀턴과 함께 주전 두 명이 모두 챔피언 경력을 가진 막강 라인업이 만들어졌다. 이제 누가 실질적 제1 드라이버라 말하기 어려웠고, 이는 해밀턴에게 2007년처럼 팀 내 경쟁의 숙제가 기다리고 있음을 의미했다. 엔트리 넘버는 챔피언 버튼이 1번, 해밀턴이 2번을 달게 되었다.

페라리도 재기를 노렸다. 라이코넨과의 계약을 중도 포기하고 페르난도 알론소를 영입하는 초강수를 두며 역시 2008년 해밀턴에게 1점차 패배를 당한 펠리페 마사와 함께 새로운 라인업을 갖추었다. 하지만 두 팀의 화려한 전력 보강을 덮어 버린 빅 이슈가 등장한다.

메르세데스GP가 파란의 주인공 브론GP를 인수하여 새 팀을 창단하면서 은퇴했던 전설 미하엘 슈마허를 다시 불러들인 것이다. 무려 다섯차례의 월드 챔피언 타이틀을 합작했던 로스 브론과 슈마허가 다시 만났고 엔진 공급자로 한 발 물러나 있던 메르세데스 벤츠가 컨스트럭터로 나섰으니 불에 기름을 부은 듯한 화제가 아닐 수 없었다. 신생 메르세데스GP는 독일인인 슈마허와 니코 로즈버그를 기용, 저먼 실버(German silver) 색채를 강조했고, 이는 주전 두 명 모두 영국인인 브리티시 컬러의 맥라렌과 대조를 이뤘다. 그리고 이들 이슈의 팀 뒤에서 조용히 칼을 갈아온 레드불이 천재 디자이너 에드리안 뉴이가 만든 신형 경주차의 힘을 감춘 채 2010 시즌의 뚜껑이 열리기를 기다리고 있었다. 바레인 개막전에서 해밀턴은 페라리의 붉은색 슈트를 입은 알론소에게 우승을 내주었지만 3위로 포디엄에 오르며 나름 경쟁력 있는 모습을 보인다. 전통 강호팀들이 부활한 모양새였다. 하지만 시즌 초반 맥라렌 팀내 경쟁의 주도권은 젠슨 버튼이 잡는다. 버튼은 2라운드 호주와 4라운드 중국에서 우승하며 디펜딩 챔피언의 기세를 과시했다. 해밀턴의 반격은 시즌 중반에 가서야 시작된다. 꾸준히 득점은 올렸지만 우승이 없던 그는 7~8라운드 터키와 캐나다에서의 연승에 힘입어 버튼을 앞서가기 시작한다. 이후 벨기에에서 승리를 추가하며 이해에 거둔 우승은 모두 3회가 된다. 시즌 19경기 중 버튼보다 순위가 앞선 경기는 12번. 나름대로 판정승이었고 14~15라운드 이탈리아와 싱가포르에서의 연속 무득점 탈락이 아니었다면 마지막까지 타이틀 경쟁을 해볼 만한 상황이었다.
하지만 결국 챔피언십은 손에 닿지 않았다. 무엇보다 레드불의 경쟁력이 무서웠다. 이해 중간 급유가 금지되면서 처음부터 완주할 만큼의 연료를 실어야 하는 무게 부담이 생겼고 이는 경주차 디자인의 또 다른 변화를 요구했다. 레드불은 이 조건을 누구보다 충실히 만족시켰다.
당초 중위권의 강자 정도로 인식되던 레드불이었지만 뛰어난 경주차 확보를 통해 2010 시즌의 컨스트럭터즈 챔피언이 된다. 세바스찬 베텔(독일)과 마크 웨버(호주)가 시즌 9승을 합작했고 베텔이 최종전에서 알론소(스페인)와의 15점 차이를 극복한 역전극으로 생애 첫 종합 우승을 차지했다. 해밀턴의 2010 시즌 종합 순위는 전년보다는 한 단계 올라선 4위였다.
한편 이해 10월 한국 영암에서 국내 최초의 F1인 코리아 그랑프리가 열려 해밀턴을 비롯한 레이싱 스타들이 내한했다. 엄청난 수중전이었던 한국에서의 성적은 알론소가 1위, 해밀턴이 2위로 앙숙 두 명이 나란히 포디엄 앞 자리에 섰다. 그리고 이 경기는 챔피언팀 레드불이 시즌 19라운드의 경기 중 유일하게 무득점에 그친 레이스이기도 했다. 이처럼 챔피언이 된 이후 연이어 두 시즌에서 해밀턴은 타이틀을 놓친다. 새로운 규정의 변화가 가져온 결과였다.

Red Bull
vodafone
Red Bull
TOTAL
Red Bull
M.WEBBER
6
BOSS
aigo
Santander
vodafone
sparco
VODAFONE McLAREN MERCEDES
Red Bull
TOTAL
Red Bull
LG
BRIDGESTONE
S.VETTEL
5
PUMA

02 맥라렌과의 이별

F1의 규정 변화가 가져온 신생팀과 언더독의 약진은 이후에도 계속되었다. 맥라렌과 루이스 해밀턴의 침체기가 길어졌다는 이야기다. 특히 에드리안 뉴이의 경주차를 앞세운 레드불은 이제 언더독이 아닌 새 왕조가 되었다.
데뷔 후 최악의 성적표를 받아들고 2011 시즌을 맞이한 해밀턴의 슬럼프는 끝나지 않았다. 이해 피렐리가 새롭게 타이어 공급업체가 된 점이 가장 큰 변화였지만 이제 기술경쟁에서 추격자가 된 맥라렌은 이를 기회로 만들지 못했다. 해밀턴의 드라이빙 경쟁력은 여전했지만 경주차가 받치지 못하는 형국이었다.
해밀턴은 이해 내부로는 젠슨 버튼과의 팀내 경쟁, 외부로는 라이벌팀과의 잦은 충돌 사고가 끊이지 않는 내우외환의 이중고를 겪었다. 2라운드 말레이시아에서 알론소와 충돌사고로 페널티를 받은 데 이어 6라운드 모나코에서는 펠리페 마사(페라리), 파스토르 말도나도(윌리엄스)와의 추돌로 한 경기에서 두 차례나 페널티를 받는 불운이 이어졌다. 시즌 전체로는 중국, 독일, 아부다비에서 3승을 거두며 19라운드 중 16경기에서 포인트를 올렸지만 최종 종합 순위는 5위로 마무리된다. 반면 같은 팀 젠슨 버튼은 3승을 포함, 12회 포디엄에 오르며 종합 2위로 선전했다. 해밀턴이 데뷔 후 처음으로 팀동료보다 낮은 순위에 랭크된 것으로 이는 그의 자존심에 흠집을 냈다. 결과적으로 2011 시즌은 레드불과 세바스찬 베텔의 독주로 끝났다. 해밀턴과 데뷔 동기인 베텔은 네 경기나 남은 일본전에서 일찌감치 2년 연속 챔피언을 조기 확정했고, 15회의 폴포지션으로 역대 F1 단일 시즌 최다 기록을 경신했다.

vodafone
vodafone

2012년도 사정은 좋지 못했다. 해밀턴은 초반 3경기에서 내리 3위로 포디엄에 오르며 안정적으로 출발했지만 중후반 5경기를 무득점 리타이어로 날리며 타이틀 경쟁에서 멀어졌다. 그나마 캐나다, 헝가리, 이탈리아, 미국에서 우승해 시즌 4승으로 전년보다 한 단계 오른 종합 4위가 되었고 팀동료 젠슨 버튼보다 많은 포인트를 거둔 것이 위안이었다. 이해 해밀턴은 개막 두 경기 연속 기록을 포함, 일곱차례 폴포지션을 차지하며 숏 게임에 강한 면모를 유지했지만 레이스 도중 크고 작은 실수가 잇따르며 운이 따르지 않는 모습을 자주 보였다.

4라운드 바레인에서는 예선 2위로 유리한 위치를 잡고서도 피트 작업 지연으로 순위가 처졌고, 스페인에서는 예선에서 최고 기록을 낸 뒤 연료 부족으로 피트인 하지 못해 최하위 출발하는 등 어처구니없는 실수가 이어졌다.

심지어 16라운드 한국전에서는 노면에 깔린 인조잔디가 타이어에 말려들어 순위를 잃는 등 불운도 겪었다. 데뷔 후 가장 많은 리타이어를 기록한 시즌이자 잦은 기계고장으로 팀의 실수가 유난히 도드라진 한 해였다고 할 수 있다.

2012년 역시 레드불과 세바스찬 베텔의 강세로 끝이 났다. 베텔은 이번 세기에 데뷔한 드라이버로는 처음으로 3회 챔피언이 되며 역사속 드라이버들과 이름을 나란히 하게 되었다. 반대로 해밀턴은 4년 연속 타이틀 도전에 실패하며 심리적으로 위축된다. 그리고 그 원인을 본인의 보다는 팀에게서 찾게 된다. 그는 소속팀 맥라렌이 더 이상 우승권에 도전할 차를 제공하지 못한다 판단했고, 젠슨 버튼과의 팀내 주도권 문제도 심기를 건드렸다.

그 여파인지 2012년 12라운드 벨기에 그랑프리에서 입방아에 오를 만한 사건을 일으킨다. 해밀턴은 예선 이후 본인 트위터에 팀 메이트 버튼에게만 개량된 부품이 지급되었다고 비난하며 두 드라이버의 데이터가 기록된 텔레메트리 사진을 올렸다가 곧바로 삭제했다. 외부에 공개되면 안되는 자료였다.

마치 2007년 데뷔 시즌 알론소와 겪었던 팀내 불화를 재현하는 듯했다. 유소년기부터 자신을 키워준 맥라렌과의 가족 같은 관계는 깊숙한 곳에서부터 금이 갔고 이제 미래를 위한 새 선택을 피할 수 없게 되었다.

그리고 이해 시즌 중인 9월, 해밀턴은 맥라렌의 제안을 뿌리치고 메르세데스GP와의 3년 계약을 체결한다. 맥라렌과 맺은 5년 계약이 끝나는 2012년이 그의 고향팀 마지막 시즌이 된 것이다.

車七人三 ———— !

2008년 첫 월드 챔피언이 된 해밀턴은 이후 5년간 무관에 머문다. 경주차 경쟁력 하락이 원인이었다. 반대로 메르세데스 이적 후 스몰 엔진 시대를 맞아 비로소 진정한 전성기를 구가했다.
이 같은 부침은 드라이빙 실력과 무관해 보인다. F1은 다른 스포츠와 달리 자동차의 성능, 즉 도구가 결과를 좌우한다. 극단적으로 상대는 축구화를, 우리는 고무신을 신고 뛰는 상황과도 비유할 수 있다. 자연스럽게 종목 자체가 '불공평'하다는 지적이 나온다. 이는 모터스포츠의 DNA에 기인한다. 자동차경주는 초기 자동차 제작자들이 비교를 통해 제품을 알리려는 목적에서 탄생했다. 1894년 프랑스 파리-르왕에서 역사상 첫 자동차경주가 열렸을 때, 전문적으로 훈련된 드라이버는 존재하지 않았다. 당시 진정한 경쟁 상대는 말馬이었을지 모른다. 마차보다 자동차가 더 쓸만한 탈거리임을 입증해야 했던 시절이니까. 이처럼 모터스포츠의 주체는 본래 자동차다. 모터스포츠가 기업이 자사 제품과 기술로 직접 참가자가 되는 유일한 스포츠라는 사실은 이 같은 본질을 또렷하게 부각시킨다. 따라서 자동차경주에서 좋은 차를 만드는 일은 승부에 포함된 필수 과정이다. F1의 시상 종목은 두 개. 드라이버 챔피언십, 그리고 팀에게 주는 컨스트럭터즈 챔피언십이다. 사람과 함께 차를 만드는 팀에게 공식적으로 상을 준다.
컨스트럭터Constructor는 단어 그대로 제작자를 뜻한다. 구체적으로 차체를 만드는 조직을 지칭하며, 엔진까지 만드는 자동차 제조사인 매뉴팩처러Manufacturer와 구별된다. 이는 F1 초창기에 참가 자격을 차체 제조팀으로 규정한 역사에 기원한다. 경주차를 만들지만 엔진은 가져다 쓰는 팀들이 초기 F1 컨스트럭터의 전형이었다. 물론 페라리, 메르세데스, 르노처럼 메이커가 컨스트럭터가 되는 매뉴팩처러 팀도 있지만 맥라렌, 윌리엄스 그리고 레드불처럼 차체만 만드는 순수 컨스트럭터들이 F1의 역사를 지탱해온 본류다. 이들은 모두 동일 규정 아래서 최선의 경주차를 만들어야 하는 과제를 안는다. 차체 크기나 엔진 규격 등 복잡한 제한이 주어지고, 이 규정을 가장 영리하게 이용하는 팀이 이득을 얻는다. 당연히 돈 많은 팀이 빠른 차를 만들 확률이 높지만, 이는 비싼 선수를 데려와 승률을 높이는 여느 프로 스포츠와 다르지 않다. 차의 성능차가 '불공평'을 야기한다는 주장은 그래서 설득력을 잃는다. 그렇다면 드라이버의 존재는 성적에 어느 정도 영향을 미칠까? 이 질문은 경마에서 말과 기수의 역할을 따지는 것 과도 같다. 기수가 없으면 경주는 성립되지 않으나 승부의 본질은 말의 근육에 달려 있다는 점에서 그렇다. 경마에서는 이를 '마칠인삼馬七人三'이라 한다. 사람의 비중은 단 3할이다.
2016년 F1 챔피언 니코 로즈버그는 F1에 '80/20 규칙'이 있다고 주장했다. 차와 팀에 성과의 80%가 달려 있고 드라이버의 비중은 20%라는 것이다. 최신의 F1 기술 수준에서는 납득할 만한 비율일지 모른다. 지금은 팀과 경주차가 끊임없이 데이터를 주고받는 텔레메트리 시대다. 경주차에 달린 200여개의 센서가 매순간 1,000여건의 정보를 전달하고 이

차가 7이고 사람이 3이다?

를 수십명의 엔지니어들이 분석하여 즉각 승부에 활용한다. 이 같은 기술적 접근은 앞으로 더 가속될 것이기에 상대적으로 드라이버의 영향력은 위축되어 보인다.
실제로 이를 연구한 과학적 결과도 있다. 영국 셰필드 대학 앤드류 벨 박사팀은 현대 F1에서 선수와 차의 기여도를 데이터로 분석해 드라이버의 능력은 14%, 경주차와 팀이 86%의 비중을 차지한다는 가설을 내놓았다. 그러나 로즈버그나 벨 박사팀의 주장은 F1 역사 전체를 놓고 본 시각이 아니다. 과거 드라이버들은 트랙 위에서 오롯이 스스로 판단하였고 고장 난 차로 완주하고 타이어가 터져도 달려 냈다. 이 시기 드라이버는 결과의 50% 정도 비중을 차지했다 해도 과언이 아니다.
1950년대 드라이버 후안 마뉴엘 판지오의 사례가 있다. 그는 7년 사이 알파 로메오, 페라리, 마세라티, 메르세데스 등 여러 팀을 옮겨가며 다섯 번 챔피언에 올라 어떤 차로 든 경쟁자보다 나은 결과를 보여주었다. 80/20이든 차칠인삼이든 드라이버가 없으면 차는 움직이는 않는다. 만약 자율주행 같은 인간을 대체할 수 있는 기술이 쓰인다면 레이스는 더 이상 순수 스포츠의 영역이 아닐 것이다. 오히려 모터스포츠의 역사는 기술 수준이 높아질수록 드라이버의 중요성이 강조되어 왔음을 알려준다. 더 빠른 차를 만들수록 이를 다룰 줄 아는 선수가 귀해진다는 진실이다. F1 탄생 이전인 1930년대에 독일 아우토 유니언(현재의 아우디)은 '타입B'와 '타입C'라는 경주차를 만들었다. 페르디난트 포르쉐 박사가 고안한 이 차들은 당시로서는 획기적으로 운전석 뒤에 엔진을 둔 구조였다. 후면 엔진 배치 방식은 현재 포뮬러 경주차의 표준이지만 당시에는 심각한 문제가 있었다. 익숙하지 않은 무게 배분 때문에 드라이버가 조금만 실수해도 차체가 심하게 요동치며 중심을 잃었다. 해결책은 기계가 아닌 사람이었다. 아우토 유니언은 1935년 독일 그랑프리에서 의외의 드라이버를 기용했다. 오토바이 선수 출신 번트 로즈마이어였다. 로즈마이어는 자동차경주 경험이 없었지만 탁월한 균형감각으로 야생마 같았던 타입C를 길들이는 데 성공했고 결국 1936년 유럽 챔피언에 오른다. 드라이버의 중요성을 확인시켜준 일화다. 당시 아우토 유니언 경주차는 최대출력이 350마력 정도였지만 오늘날 F1 드라이버들은 세 배의 힘을 가진 1,000마력의 차를 다루어야 한다. 그 자격은 80억 인구 중 단 20명에게 주어진다. 선수에게 요구되는 신체적 능력도 F1이 순수 스포츠의 일원임을 상기시킨다.
F1의 콕핏Cockpit은 이 세상에서 가장 뜨거운 의자다. 드라이버 등 뒤에는 엔진이 있고, 발 앞에는 1,000도 이상 달구어진 카본 브레이크가 달려있다. 뜨거운 아스팔트 복사열은 낮은 차체의 경주차에 쉽게 전달된다. 선수가 느끼는 체감온도는 섭씨 40~50도. 겨울 내복 같은 방화복을 입고 한증막에 앉는 것과 다를 바 없다. 과거에는 실제로 엉덩이에 화상을 입는 일까지 있었다. 뜨거운 열기에 더해 온몸을 비트는 중력가속도G-force도 견뎌야 한다. 평균적으로 몸무게 다섯배에 달하는 5G의 압력이다. 훈련되지 않은 일반인은 3.5G면 혈액순환 문제로 의식을 잃는다. 20kg 가까운 무게감의 스티어링휠(핸들)을 마우스 조작하듯 섬세하게 다루어야 하는 능력도 필수다. 이런 상황에서 레이스를 마치면 평균 3kg 정도 몸무게가 준다. 2시간 경기 후 체중이 평균 2kg 감소하는 테니스와 비해 보면 레이스의 체력 소모가 결코 만만치 않은 수준임을 알 수 있다. 이처럼 드라이버들은 자동차 메커니즘 경연장인 F1을 인간의 스포츠 영역에 붙잡아 둔다. 차의 성능이 7할이라 해도 승리의 완성을 만들어내는 화룡점정은 늘 사람의 몫이기 때문이다.

ENTRY NUM

해밀턴의 역대 엔트리 넘버

모터스포츠에서는 경기 중 선수의 얼굴이 보이지 않는다. 차체에 몸을 감추고 헬멧까지 쓴다. 따라서 우리는 헬멧 디자인과 엔트리 넘버를 통해서만 선수의 아이덴티티를 확인할 수 있다. 루이스 해밀턴을 대표하는 엔트리 넘버는 44번이다. 2014년 이후 변함없이 쓰는 번호다. 과거에는 엔트리 넘버 부여에 일정한 규칙이 있었다. 전년도 드라이버 챔피언에게 1번이, 그의 소속팀 동료에게 2번이 주어지는 방식이다. 그 외 참가자는 컨스트럭터즈(팀) 득점 순위에 따라 번호가 정해졌다. 예를 들어 전년도 2위 팀은 3~4번, 3위 팀은 5~6번을 가져가도록 했다. 다만 서양에서 불길한 숫자로 받아들여지는 13번은 비워 두었다. 이 제도는 번호만 보고 해당 팀의 순위 및 팀내 서열을 쉬 알아볼 수 있는 장점이 있다.

루이스 해밀턴도 데뷔 시즌인 2007년 전년 챔피언인 팀 동료 알론소가 1번이 되면서 다음 번호인 2번을 받았다. 2008년에는 전년 팀 득점 몰수의 영향으로 최하위권 번호인 22번을 달고 챔피언이 된다. 번호 규칙 변경 이전 역사상 가장 늦은 숫자 엔트리의 챔피언이라는 진기록이다.

2014년 제도가 바뀌어 드라이버들은 자신의 고유번호를 지정하게 된다. 팀을 옮기거나 순위가 달라져도 같은 번호를 일관되게 사용하여 팬들이 응원하는 드라이버를 쉽게 파악하도록 하는 목적이었다. 새 규칙에 따라 드라이버들은 2~99번 사이 번호 중 하나를 영구적으로 선택하게 되었다. 상징성이 강한 1번은 전년 챔피언에 주어지는 번호로 여전히 남겨졌다. 만약 전년 챔피언이 1번을 달고 시즌을 마친 뒤 순위가 내려가면 다음해 자신의 고유번호로 돌아올 수 있다.

해밀턴은 44번을 선택했다. 어린시절 처음 카트 챔피언이 되던 해 달았던 숫자다. 마찬가지로 막스 베르스타펜(33번), 다니엘 리카르도(3번), 세르지오 페레즈(11번), 펠리페 마사(19번) 등도 카트 시절 엔트리 넘버를 고유번호로 정했다. 페르난도 알론소의 경우 14살에 카트 챔피언을 차지한 날짜가 14일이었고, 당시 엔트리가 14번이어서 복합적인 의미로 14번을 골랐다. 첫 챔피언 달성 당시의 번호를 택한 드라이버도 있다. 5번을 택한 세바스찬 베텔, 22번의 젠슨 버튼이 그 예다. 베텔이 가져간 5번은 본인의 첫 챔피언 당시 엔트리 넘버일 뿐 아니라 1992년 나이젤 만셀, 1994년 미하엘 슈마허, 1996년 데이먼 힐, 2005년 알론소 등이 첫 챔피언에 오를 당시 번호라는 의미도 있다.

이밖에 아버지의 현역 F1 선수 시절 번호를 고른 니코 로즈버그(6번)나 자신의 생일을 택한 장 에릭 베르뉴(25번) 등 각자의 다양한 사연을 담아 엔트리 넘버가 정해지게 된다. 질 빌뇌브의 번호를 따른 니코 휠켄베르그(27번)처럼 자신의 우상이었던 과거 선수의 엔트리를 차용한 경우도 있다. 해밀턴은 새 엔트리 넘버 체계 이후 6년간 챔피언에 올랐지만 1위에 주어지는 1번 엔트리의 영광을 누리지 않고 고유번호 44를 고집했다. 정상에 오른 과거에 안주하지 않고 새로운 도전을 이어간다는 의지였다. 따라서 역대 최다인 일곱 번의 월드 챔피언을 차지한 해밀턴이 1번을 달고 레이스를 치른 것은 2009년 단 한 시즌이었다.

BER

해밀턴의 엔트리 넘버

A NEW CHALLENGE BEGINS

새로운 도전과 성공

새 팀 이적 후 강력한 경주차를 갖게 된 해밀턴은

역사적 드라이버의 반열로 들어서는 3회 챔피언에 도달하게 된다.

그러나 그의 진정한 전성기는 아직 시작되지도 않았다.

“

내가 이적에 확신을 갖게 만든 건 로스 브론이었다.
나는 어머니 집 주방에서 차를 마시면서 로스와 얘기를 나눴다.
비밀스러운 만남이었다. 솔직히 나는 그 당시 미하엘 슈마허에게
믿음을 갖던 보스가 나를 원한다는 게 납득되지 않았다.
정말 말도 안 되는 상황이라 생각했다.
그날이 메르세데스 이적을 확신한 날이다.

”

_ **루이스 해밀턴** 메르세데스 이적에 대한 소회를 밝히며

EPSON
AMG
PETRONAS
PRIMAX

01 메르세데스의 품에 안기다

맥라렌과의 계약이 만료된 해밀턴은 2013년 메르세데스GP로 옮겨 니코 로즈버그(독일)와 팀을 이루게 된다. 전년 9월에 일찌감치 결정되었으며 정확한 계약금액은 공개되지 않았으나 드라이버 연봉 중 최고 수준 대우로 보도되었다. 당시로서는 의문점이 많은 이적이었다. 맥라렌이 더 높은 금액을 제시했다는 설도 있지만 해밀턴은 "새로운 도전이 필요했다"며 고향팀을 떠났다. 자신에게 더 좋은 차를 제공해줄 팀을 찾겠다는 의지였다.

당시 시점에서 메르세데스가 맥라렌보다 나은 경쟁력이 있다고 확신하기 힘들었다. 2012 시즌 맥라렌은 컨스트럭터즈 포인트 378점으로 레드불, 페라리에 이은 3위였지만 메르세데스는 절반도 안되는 142포인트로 아직 중위권 수준이었다.
메르세데스GP는 은퇴한 슈마허를 복귀시켜 화제를 모았지만 2012년 순위는 전성기와는 차이가 큰 13위였고, 또 다른 드라이버 니코 로즈버그 역시 9위에 머물렀다. 나이에 한계를 느낀 슈마허는 결국 두번째 은퇴를 결심하게 된다. 메르세데스는 그 빈자리를 대신할 거물이 필요했고 정체기였지만 챔피언 타이틀이 있는 해밀턴에 구애하게 되었다.
팬의 입장에서 걱정스러운 선택이었다. 주니어부터 함께 한 맥라렌에서의 안정을 포기하고 성적이 더 낮은 팀으로 간다고 하니 우려가 뒤따를 수밖에 없었다.
그럼에도 해밀턴이 모험을 시도한 이유는 메르세데스의 이름, 그리고 팀 수장 로스 브론이 가진 엄청난 잠재력이었다.
자동차 기술의 선구자임을 자부하는 메르세데스 벤츠는 충분한 능력을 갖고 있음에도 1954~1955년 연속으로 F1 챔피언이 된 후 무려 54년간 자신의 이름으로 그랑프리 무대에 서지 않았다. 여기에는 아픈 사연이 있다. 메르세데스 벤츠는 F1을 휩쓸던 1955년도에 르망24시간 레이스에도 참가했는데, 이 경기에서 경주차가 관중석을 덮치는 사고가 났다. 83명이 죽고 180명이 부상을 당한 대참사였다. 이 충격으로 한 동안 모터스포츠에서 메르세데스의 이름은 자취를 감추었다. 벤츠는 사건 이후 30년 뒤에야 스포츠 프로토타입카로 모터스포츠에 복귀했으며, 1995년 맥라렌에 엔진을 공급하는 것을 시작으로 F1에도 다시 발을 들이게 된다. 그리고 2010년 브론GP를 인수하며 다시 F1팀을 재건했다. 54년만이다.
기술과 재원 모든 측면에서 잠재력은 충분했던 팀이다. 하지만 2010년부터 3년간 슈마허를 복귀시키고도 기대만큼 성적을 내지 못했다. 많은 전문가들이 해밀턴의 이적에 던진 물음표는 충분히 합리적인 의심이었다. 한 마디로 도박이었다. 그리고 해밀턴의 당시 결단은 훗날 F1 역사를 다시 쓴 최고의 선택으로 재평가된다. 한 브라질 매체와의 인터뷰에서 해밀턴은 당시 이적 상황에 대해 이렇게 설명했다.

내가 이적에 확신을 갖게 만든 건 로스 브론이었다.
나는 어머니 집 주방에서 차를 마시면서 로스와 얘기를 나눴다.
비밀스러운 만남이었다.
솔직히 나는 그 당시 미하엘 슈마허에게 믿음을 갖던 보스가
나를 원한다는 게 납득되지 않았다.
정말 말도 안 되는 상황이라 생각했다.
그날이 메르세데스 이적을 확신한 날이다.

많은 고민과 변화 속에 맞이한 2013 시즌, 해밀턴은 헝가리에서 거둔 1승이 유일한 승리였지만 19라운드 경기중 5회의 폴포지션과 17경기 득점권 진입으로 시즌 종합 4위에 자리한다. 숏 게임인 예선에서 경쟁자보다 빠른 스피드를 냈지만 본선 레이스에서 순위가 뒤집히는 일이 많았던 시즌이다.
새 팀 이적에 따른 해프닝도 있었다. 해밀턴은 시즌 초반 경기였던 말레이시아전에서 실수로 과거의 팀 맥라렌 피트에 차를 세워 TV 중계진의 웃음을 자아냈다. 이적팀에서의 적응기간이 필요했음을 감안하면 무난한 2013년이었다. 맥라렌 시절부터 함께 한 메르세데스 엔진 특성을 잘 활용하는 모습을 보였지만 레이스에서의 경쟁력은 미지수로 남겨졌다. 이적 첫해를 성공으로 볼지, 실패로 볼지 불투명한 애매함이었다.
하지만 결과적으로 그의 선택이 옳았음을 입증하듯, 새 소속팀 메르세데스는 페라리에 앞선 컨스트럭터즈 2위로 시즌을 마치며 상위권에 진입했다. 반면 세르지오 페레즈(멕시코)를 대신 영입한 맥라렌은 팀 순위 5위로 뒤처지며 해밀턴의 공백을 절감해야 했다.
이해에도 레드불이 최강자였다. 세바스찬 베텔은 4년 연속 챔피언이 되며 현역 중 최고는 물론 아일톤 세나(브라질), 재키 스튜어트(영국) 등에 앞서 챔피언 등극 횟수로 역대 3위에 랭크되는 대기록을 달성한다. 그런 베텔을 겨냥한 도전자 해밀턴은 묵묵히 칼을 갈며 새 시즌을 준비한다. 이제 메르세데스에서의 예열은 끝났고, 해밀턴 내면의 승부사 본능은 서서히 깨어나고 있었다.

02 다시 날아오르다

2014년, 어느덧 데뷔 8년 차에 접어든 루이스 해밀턴은 메르세데스 이적 두 번째 시즌을 맞는다. 고유번호제 도입으로 44번을 달기 시작한 해다. 이해의 분위기는 급격한 규정 변화로 경쟁 판도가 뒤흔들린 2009년과 닮아 있었다. 2009년 달라진 규정이 해밀턴에게 손해였다면 이번은 반대로 큰 기회였다.

FIA는 1.6ℓ V6 싱글 터보 엔진을 의무화했다. 종전 2.4ℓ 8기통 자연흡기 엔진에서의 파격적 변화다. 1.6ℓ는 양산차 기준으로도 작은 사이즈다. 이해하기 쉽게 비교해보면 국산 준중형차 아반떼 정도 크기다. 최대 엔진 회전수도 1만 8,000rpm에서 1만 5,000rpm으로 낮아졌으며 드라이버 1명 당 연간 쓸 수 있는 엔진 파워 유닛 허용 개수도 8개에서 5개로 축소됐다. 더불어 7단에서 8단으로 변화된 기어 박스를 6개 대회 연속으로 사용하도록 했다.
이는 많게는 연간 4,000억~5,000억원에 달하던 팀당 참가비용을 중장기적으로 1,700억원대(드라이버 연봉 제외)까지 줄여보려는 FIA의 조치 중 하나다. 엄청난 예산이 팀과 자동차 제조사의 F1 참가를 망설이게 하는 진입장벽이 된 것은 사실이니 돈 많은 팀들도 반대할 명분은 없었다.
이 변화에 가장 영리하게 대응한 팀이 메르세데스다.
메르세데스는 해밀턴 영입 전인 2012년부터 모든 역량을 미리 예고된 새 규정 대응에 집중한 결과, V6 터보 시대에 가장 뛰어나고 안정적인 파워 유닛을 내놓을 수 있었다.
공식 수치는 아니나 아반떼 크기 엔진으로 1,000마력의 힘을 뽑아낸 비현실적 기술성과에 도달한 것이다.
메르세데스는 2014년 2월 테스트 주행부터 다크호스로 떠올랐다. 반면 지난 4년간 챔피언 타이틀을 독식했던 레드불은 V8 시절 최강자의 위용을 잃고 르노 엔진의 낮은 신뢰도로 애를 먹게 된다. 2014 시즌, 메르세데스 경주차는 압도적 페이스로 리그를 씹어 먹는다. 그리고 날개를 단

해밀턴은 서킷의 포식자가 되었다.
해밀턴은 개막전 호주에서 경주차 고장으로 리타이어 했지만 이후 말레이시아, 바레인, 중국, 스페인에서 내리 4연승 하며 완벽한 부활을 알린다. 이후 영국, 독일, 이탈리아, 싱가포르, 일본, 러시아, 미국, 브라질에서 승리해 개인통산 최다인 시즌 11승을 올렸다. 시즌 19회의 레이스 중 세번의 리타이어를 제외한 모든 경기에서 포디움에 오른 안정적 활약이었다.
해밀턴은 특히 기념비적인 F1 역대 900번째 경기, 바레인 그랑프리 우승자가 되었고, 실버스톤에서 개인통산 31회째 1위를 거머쥐며 역대 영국인 드라이버 중 누적 최다 우승 기록도 새로 썼다. 종전 나이젤 만셀이 갖고 있던 기록이었다.
세부적인 경기 내용도 인상적이었다. 쉽게 이기는 경기가 많았지만 어려운 상황에서도 끈질긴 역전 승부로 성과를 만들어내는 승부사 기질을 유감없이 발휘했다. 일례로 영국에서는 6그리드에서 출발하는 불리함을 딛고 역전 우승했으며, 독일에서는 예선에서 벽을 들이받는 사고를 당하고도 3위에 올랐다.
하지만 결코 만만한 시즌이라 할 수 없었다. 타 팀 경쟁에서 경주차의 힘을 앞세울 수 있었지만 메르세데스에는 해밀턴만 있는 것이 아니었기 때문이다. 이해 그의 가장 강력한 라이벌은 팀 동료 니코 로즈버그였다. 익숙할 만큼 반복되는 팀 내 경쟁이지만 이번에는 상황이 조금

미묘했다. 그의 첫 번째 팀메이트 페르난도 알론소는 가장 까다로운 드라이버지만 선배였기에 도전자 입장으로 되레 마음 편하게 승부를 걸 수 있었다. 맥라렌 시절 마지막 동료 젠슨 버튼과도 신경전을 벌였으나 같은 영국인이라는 동질감 때문인지 선을 넘는 불화에 이르지는 않았다.
니코 로즈버그는 달랐다. 이미 카트와 F3 시절 한 솥 밥을 먹기도 한 동갑내기 친구였기에 오히려 서로 간의 경쟁심은 더욱 불타올랐다. 청소년기에는 로즈버그가 더 주목을 받았다. 1982년 F1 챔피언 출신 아버지의 후광을 입은 니코와, 가진 것은 재능밖에 없던 노동자 가정의 루이스였기에 많은 면에서 친구를 부러워했을 법한 시기라 짐작할 수 있다.
이제 루이스는 챔피언 타이틀의 스타지만 어린 시절 더 좋은 성적을 내기도 했던 니코는 그에 대해 '내가 이길 수 있는 상대'라는 자신감을 가질 수 있었을지도 모른다. 같은 경주차로 벌이는 스물아홉 살 두 친구의 대결은 2014 시즌 F1을 설명하는 알파이자 오메가였다. 메르세데스 내부의 득점 경쟁은 치열했다. 먼저 앞선 쪽은 로즈버그. 시즌 개막부터 중후반까지 선두를 달렸다. 5라운드 결과로 잠시 해밀턴에게 자리를 내주었지만 바로 다음 경기에서 순위를 되찾으며 13라운드까지 최다 포인트를 유지하게 된다.
해밀턴은 14라운드 싱가포르 우승 이후 득점 경쟁에서 비로소 앞섰다. 13~17라운드에서 무려 다섯 경기 연승 행진을 달린 무서운 후반 페이스였다. 이 과정에서 벌어진 둘의 신경전은 갖가지 사건사고를 야기했다. 해밀턴이 선두로 달리던 3라운드 바레인에서는 로즈버그가 팀 지시를 무시한 채 연이어 무리하고 격렬한 추월을 시도해 신임 대표 토토 볼프를 곤란하게 했다.
반대로 헝가리에서는 해밀턴이 팀 오더에 반하는 도발을 했다. 당시 예선에서 발생한 경주차 화재로 피트 레인에서 출발했던 해밀턴은 미친 듯한 질주로 최하위에서 2위까지 올라가는 추월쇼를 벌이고 있었다. 이 때 상대적으로 빠른 랩타임을 유지하던 로즈버그에게 자리를 양보하라는 팀의 무전지시가 내려진다. 해밀턴은 "나는 니코보다 느리지 않아요. 만약에 할 수 있으면 니코에게 추월하라고 하세요"라며 작전을 무시한다.
피장파장 견제가 이어지다 결국 12라운드 벨기에에서 사고가 터진다. 로즈버그가 해밀턴을 무리하게 추월하다 뒤를 들이받아 상대의 타이어를 터트리고 말았다. 해밀턴은 포인트를 잃었고, 팀은 둘의 싸움을 더 이상 방치할 수 없게 된다. 결국 벨기에 대회 5일 뒤, 메르세데스의 중재로 로즈버그가 해밀턴에게 사과하는 형식으로 사단을 종지부 지었다.

여담으로 이 때 거칠게 경기한 로즈버그는 같은 해 월드컵 축구 경기에서 상대방을 치아로 물어 뜯는 엽기적이고 충격적인 반칙 사건을 일으킨 우루과이 대표팀 공격수 루이스 수아레스와 나란히 유로스포츠 선정 2014년 '스포츠 악당'에 뽑히는 불명예를 안는다.
과열되었던 이들의 포인트 경쟁은 결국 사막에서 벌어진 마지막 경기 아부다비에 가서야 결판이 난다. 2014년 F1은

타이틀 조기 확정으로 인한 잔여 경기 흥행 악영향을 막기 위해 최종전에 평소 두 배의 점수를 거는 변칙적 포인트 규정을 시행했다. 1위에 주는 25점의 두 배인 50점이 이 경기에 걸렸다.

아부다비 경기전 해밀턴(334점)과 로즈버그(317점)의 드라이버즈 포인트 차이는 17점. 로즈버그의 우승을 전제로 한 경우의 수 계산에서 해밀턴이 챔피언이 되기 위해 필요한 순위는 3위 이내였다. 레이스 결과 로즈버그가 폴포지션을 잡으며 역전의 희망 속에 출발했지만 23랩부터 경주차에 문제가 생겨 후미로 처지고 만다. 예선 2위로 스타트해 첫 코너부터 선두를 잡았던 해밀턴은 끝까지 순위를 지켜 시즌 마지막 레이스마저 승리로 이끈다. 최종 득점 384포인트. 무득점에 그친 로즈버그에 크게 앞선 결과이고, 본인의 두 번째 월드 챔피언 타이틀이 확정되는 순간이었다.

소속팀 메르세데스로서는 약간의 잡음이 있었지만 완벽에 가까운 성과를 낸 시즌이 되었다. 19라운드 중 레드불 다니엘 리카르도(호주)에게 내준 세 번의 그랑프리를 제외한 16개 대회에서 우승했고 그중 해밀턴과 로즈버그가 나란히 1, 2위를 석권한 퍼펙트 게임은 무려 열한 번이었다.

당연한 결과로 2위 레드불의 두 배 점수차 컨스트럭터즈 챔피언이 되었고, 이는 팀의 재창단 5년만이자 1955년 이후 첫 챔피언 배출이었다(1995년 당시에는 컨스트럭터즈 챔피언십 시상이 없었다).

이로써 2년 전 이적을 감행한 해밀턴의 결정은 신의 한 수가 되었다. 대조적으로 원 소속팀 맥라렌의 2014년 성적은 5위로 우승 경쟁조차 해보지 못하는 지경이었다.

해밀턴은 이 때 2009년 첫 번째 월드 챔피언 이후 6년 만에 정상을 되찾았는데 이 정도 긴 간격을 둔 타이틀 복귀는 역대급으로 보기 드문 일이었다. 73년 F1 역사에서 이보다 긴 시간을 두고 챔피언을 되찾은 사례는 단 한 차례, 불사조라 불린 전설의 선수 니키 라우다가 1977년 챔피언이 된 뒤 7년이 지난 1984년 재기해 다시 왕좌에 오른 바 있다. 그 다음 기록이 해밀턴(2009~2014년)과 잭 브라밤(1960~1965년 챔피언)이다.

두 번째 F1 왕좌에 오른 해밀턴은 스포츠 종목 전체를 놓고 평가하는 영국 BBC 선정 '2014 올해의 스포츠인'에 선정되었다. 골프 선수 로리 매킬로이(북아일랜드)가 뒤 이은 2위였다.

한편 해밀턴에게 축복이 된 2014년은 F1 업계로서는 비극적 시즌이었다. 수중전이었던 15라운드 일본 그랑프리에서 마루시아팀 쥘 비앙키(프랑스)가 사고처리 차량과 충돌하여 의식불명 상태가 된 대형사고가 발생했다. 레이스가 중단되며 해밀턴의 1위가 확정되었지만 샴페인 세리모니는 하지 않았다.

결국 쥘 비앙키는 병상에서 의식을 찾지 못했고 다음해 2015년 7월 17일 향년 25세의 나이로 세상을 떠났다. 이는 1994년 산 마리노 그랑프리에서 목숨을 잃은 아일톤 세나 이후 20년 만의 레이스 중 드라이버 사망 사고였다.

03 '역사적' 수식의 기준점, 쓰리 타임 챔피언 달성

이제 30대가 된 해밀턴은 챔피언 자격으로 2015년에 돌입한다. 메르세데스 경주차의 무시무시한 위용은 여전 했다. 현역 4회 챔프 세바스찬 베텔이 레드불에서 페라리로 이적한 점 외에 특별한 변화가 없었기에 여전히 팀 동료 니코 로즈버그가 해밀턴의 가장 큰 라이벌이 되리라는 예측 속에 시작된 시즌이었다. 개막을 전후해 해밀턴의 거취에 대한 루머가 떠돌았다. 부진했던 명문팀 페라리가 베텔에 이어 계약 기간이 1년밖에 남지 않은 해밀턴까지 영입하려 한다는 가십이 타블로이드지에 실렸다. 훗날 실제로 이어지게 되는 인연이었지만 당시에는 루머에 불과한 일이었다. 메르세데스는 이해 5월 해밀턴과의 3년 연장 계약을 발표한다. 2013년 맺은 3년 계약에 이어 총 6년간 메르세데스에서 뛰게 된 것이다.

새 계약의 규모는 3년 최대 1억 파운드로 추정되었다. 당시 환율 기준 연봉 한화 442억원, 시급 환산 약 500만원의 계약이라는 보도가 있었다. 금액보다는 해밀턴이 자유롭게 개인 스폰서를 받을 수 있다는 계약 조항이 눈길을 끌었다. 이미 스위스 시계 회사 IWC 등 여러 개인 스폰서십으로 연봉 보다 많은 과외 수입을 벌고 있던 해밀턴이기에 향후 엄청난 부대 수입이 기대되었다.

이제 팀에 정착하며 안정감 속에 레이스에 돌입한 해밀턴은 순조롭게 리그를 장악했다. 후반 맹추격전 끝에 타이틀을 안았던 지난해와 달리 초반부터 앞서가며 착실히 점수를 쌓는 양상이었다.

1라운드 호주에서 9라운드 영국에 이르는 상반기 아홉 경기에서 거둔 성적은 1위 5회, 2위 3회, 3위 1회로 전경기 포디움 진입이었다. 드라이버 득점 2위 로즈버그도 선전해 17점차의 역전 가능성 있는 간격을 유지했다.

상반기 마지막 경기라 할 수 있는 헝가리에서 해밀턴은

로즈버그와의 치열한 자리 다툼으로 인해 코스 아웃하며 시즌 처음으로 포디움 권에서 벗어난 6위로 레이스를 마친다. 팀 내 신경전이 여전히 이어지고 있음을 만천하에 알린 싸움이었다. 하지만 이 때가 시즌 중 가장 낮은 성적으로 남았다. 해밀턴은 11라운드 벨기에에서 16라운드 미국까지 6경기에서 한 차례 리타이어를 제외하면 5승을 챙기며 로즈버그의 추격의지를 꺾었다.

시즌 득점 1위가 확정된 시점은 잔여 3경기를 남긴 미국 그랑프리였다. 허리케인의 영향으로 예선 Q2와 Q3가 중단되는 악천후 속에 치러진 이 경기에서 해밀턴은 폴 시터(Pole Seater) 로즈버그에 이은 2그리드에서 출발해 고전 끝에 간신히 역전승한다. 세이프티카의 등장으로 선두와의 간격이 좁아진 뒤 로즈버그가 실수로 스핀한 사이 추월에 성공했다. 어쩌면 행운의 경기였다. 2.8초 차로 아쉽게 우승을 놓친 로즈버그는 해밀턴이 시상식에서 쓸 모자를 건네자 이를 집어 던지며 분노를 표출하기도 했다. 이로서 시즌 10승에 도달한 해밀턴은 F1 역사상 처음으로 2년 연속 두 자릿수 우승을 기록한 드라이버가 된다. 포인트도 25점을 더해 시즌 총점은 327점이 됐다. 2위 베텔(251점)과 3위 로스버그(247점)중 한 명이 잔여 세 경기에서 전승을 해도 따라 갈 수 없는 격차여서 비교적 싱겁게 2년 연속이자 개인통산 세 번째 월드 챔피언을 조기 확정한다. 해밀턴은 "세 번째 타이틀을 차지했다는 사실을 믿기 어렵다"면서 "마지막 랩을 돌 때 비를 맞으며 경기 장면을 보고 있을 아버지가 떠올랐다"며 감격했다.

'쓰리 타임 챔피언'(3 time Champion)은 매우 상징적 레벨이다. F1에서 '역사적'이라는 수식어가 붙는 드라이버가 되는 기준으로 여겨지기 때문이다. 미하엘 슈마허(7회), 후안 마누엘 판지오(5회), 알랭 프로스트(4회), 세바스찬 베텔(4회)에 이은 대기록이자 해밀턴의 어린 시절 우상인 아일톤 세나(3번), 재키 스튜어트(3번)와 타이를 이룬 경지다. 해밀턴을 포함, 역대 단 여덟 명만이 오를 수 있었던 3회 챔프이기에 이 선을 분기점으로 레전드의 반열에 오르게 된 셈이다.

더구나 앞으로 더 많은 타이틀을 가져갈 기회가 남아 있는 젊은 나이였다는 점에서 당시 기록은 의미가 컸다. 2015년 시점에서 3회 챔피언에 도달한 역대 드라이버들의 나이 중 두번째로 어렸다. 동시대 드라이버인 세바스찬 베텔이 25세에 3회째 타이틀을 가져갔고 그 다음이 해밀턴의 30세 기록이다. 앞선 시대 레전드인 아일톤 세나와 슈마허는 31세, 재키 스튜어트나 알랭 프로스트는 34세, 니키 라우다는 35세, 후안 마뉴엘 판지오는 44세가 되어서야 쓰리 타임 챔피언에 도달했다.

지금은 F1에 진출하는 나이가 더 많이 어려지고 있지만 당시 시점에서 보면 해밀턴의 기록은 매우 젊은 나이였다. 과거에는 드라이버의 전성기가 30~35세였으니 해밀턴은 커리어의 정점을 앞두고 이미 3회 챔프를 달성한 셈이다.

타이틀 조기 확정으로 무리할 필요가 없었던 해밀턴은 2015년의 남은 세 경기에서 모두 2위를 기록하며 총 381점으로 시즌을 마감한다. 시즌 10승 달성에 11회의 폴포지션, 그리고 19라운드 중 17경기 포디움 진출이라는 최고의 성적을 남겼다. 이제 시상대에서 그의 얼굴이 보이지 않는 일 자체가 희귀한 장면이 되어 버렸다. 한편 챔피언의 지위를 지켜낸 해밀턴은 이해 7년간 공식 연인이였던 가수 니콜 세르징거와의 이별을 알린다. 일년 내내 전 세계를 떠돌아야 하는 F1 드라이버에게 사랑을 유지하는 일은 타이틀 방어만큼이나 어려웠을지 모른다.

04 THE SILVER WAR

넷플릭스 오리지널 다큐멘터리 〈F1, 본능의 질주〉는 모터스포츠의 내면을 생생히 그려내며 큰 인기를 모으고 있다. 초반 흥행 요소 중 하나가 드라이버라는 한 인간의 감정이 잘 묘사된 팀내 갈등 에피소드였다. 팀메이트의 존재를 아군이 아니라 지구상에서 유일하게 같은 차를 타는 비교 대상이라는 관점으로 재조명하며 한편으로 팀의 스포츠이자 개인의 스포츠이기도 한 F1의 독특한 생태를 잘 표현했다.

이 프로그램 이전부터 널리 회자된 팀내 경쟁 사례들이 있었다. 가장 유명한 예가 80년대말의 세나-프로스트의 대결(맥라렌), 그리고 이 시기 루이스 해밀턴과 니코 로즈버그의 갈등이다. 이 둘은 2013년 해밀턴이 메르세데스로 이적하며 팀메이트가 되어 4년을 함께 한다. 치열했던 내부 경쟁의 마지막 해가 된 2016년, 해밀턴은 동시대 현역 최다 타이틀 보유자인 세바스찬 베텔(페라리)의 4회 챔피언 기록에 도전한다는 강한 동기부여 속에 시즌을 맞이한다. 메르세데스 경주차의 강세가 지속되고 있기에 자신감도 충만했다. 그러나 같은 성능의 차를 가진 니코 로즈버그 역시 더욱 이를 갈고 이 시즌을 기다렸다. F1 월드 챔피언을 아버지로 둔 배경으로 4살 때부터 카트를 시작한 로즈버그는 해밀턴 보다 먼저 GP2(F2) 챔피언이 되었고, F1에도 1년 빨리 승급했다.

하지만 해밀턴을 팀메이트로 치른 앞선 3년의 대결에서는 모두 패했다. 한 차례도 더 많은 포인트를 올린 시즌이 없었다. 특히 2015년의 결과는 로즈버그에게 큰 아픔을 안겼다. 같은 차로 해밀턴에게 내리 밀린 데다 내부 경쟁 격화 과정에서 드러난 스포츠맨십 문제를 비난하는 여론에도 시달렸다.

2016 시즌 전 그는 SNS 계정을 삭제하고 심리상담으로 멘탈을 관리하는 등 레이스에 모든 에너지를 집중했다. 심지어 조금이라도 무게를 줄여 보려고 헬멧에 칠해진 페인트를 벗겨내고 당분과 술을 끊는 독기로 경쟁에 임했다.

이렇게 살벌한 분위기 속에서 시작된 2016 시즌. 로즈버그는 해밀턴과의 경쟁에서 초반부터 강한 면모를 보인다. 호주 개막전부터 1~4라운드 연속 우승. 같은 기간 해밀턴은 초반 두 경기 연속 폴포지션을 차지하고도 레이스 스타트에서 주춤거리는 모습을 보이며 본선에서 밀린다. 이러한 흐름속에서 맞이한 스페인 그랑프리에서 과열 경쟁을 펼친 두 친구의 갈등이 표면화된다. 예선 1위 해밀턴과 2위 로즈버그가 나란히 맨 앞 열에서 출발했는데 시작부터 자리다툼을 벌이던 이 둘이 충돌해 모두

리타이어해 버린 것이다.
스타트가 주춤 했던 해밀턴을 로즈버그가 추월했고, 다음 코너에서 시도된 재추월 과정에서 충돌을 피하기 위해 트랙 밖으로 밀려나간 해밀턴의 차가 컨트롤을 잃고 그대로 로즈버그를 부딪힌 과정이었다. 당대 최강팀이 동반 자살한 것과 다름없는 황당 사건이었다.
7라운드 캐나다에서도 이 둘은 바퀴가 맞닿을 만큼 과격한 레이스를 이어갔다. 선두 해밀턴이 추월 공간을 내주지 않으며 길을 막는 과정에서 로즈버그의 실수를 유도해 2위에서 5위로 추락시켰다. 이제 감정이 극에 달한 둘의 대결은 F1의 관전 초점을 메르세데스 내부 경쟁으로 옮겨 놓았다.
이어진 9라운드 오스트리아에서도 스페인전 동반 리타이어의 악몽을 떠올리게 하는 경쟁이 벌어진다. 이 둘은 마지막 랩을 달리며 꼬리를 문 배틀을 벌이다 해밀턴이 추월을 시도하려고 바깥쪽 라인으로 이동하자 로즈버그가 공간을 막고 밀어내며 다시 충돌했다. 사고 여파로 로즈버그 경주차의 앞날개가 부러졌고 결국 결승점을 코 앞에 둔 경기 막판에 선두에서 4위까지 추락하고 만다. 심사위원들은 사고 원인이 로즈버그가 공간을 내주지 않은 탓이라 보고 10초 페널티를 부과했고, 논란 속에 해밀턴이 1위가 된다.
해밀턴은 이어진 영국과 헝가리에서도 우승하며 챔피언십 득점 순위에서 역전한다. 하지만 시즌 후반 포인트 경쟁의 분수령이었던 16라운드 말레이시아에서 해밀턴의 경주차가 연기를 내뿜으며 멈춰 서 무득점 경기를 하게 된다. 엔진 화재였다. 이 고장은 결국 시즌 말미 뼈아픈 결과로 돌아온다.
메르세데스 내부 경쟁으로 점철된 2016 시즌의 마지막 경기인 아부다비 그랑프리. 해밀턴이 3경기 연속 우승으로 후반에 힘을 냈지만 여전히 로즈버그가 12점 앞선 채로 최종 승부에 돌입한다. 앞선 말레이시아에서의 불운이 없었다면 반대로 해밀턴이 더 큰 점수차로 앞섰을 수도 있는 상황이었다. 경우의 수는 로즈버그에게 유리했다. 해밀턴은 본인의 우승을 전제로 로즈버그가 3위 이하 성적을 내야만 역전이 가능했다.
마지막 희망은 건 해밀턴은 폴포지션에서 출발해 레이스 선두를 달렸지만 2위 포지션을 잡은 로즈버그는 무리하지 않고 뒤를 따랐다. 사실상 타이틀 방어가 어렵게 된 해밀턴은 급기야 전력으로 속도를 내지 않는다는 의혹을 받았다. 후미차와의 간격을 좁혀 3위권에게 로즈버그를 추월할 기회를 만들어 주려는 꼼수였다.
메르세데스는 속도를 높이라 지시했지만 해밀턴은 응하지 않았다. 자신이 우승을 해도 로즈버그가 밀리지 않으면 챔피언 타이틀을 가져갈 수 없었기 때문이다. 누가 보아도 비신사적 행동이었다. 이 날 해밀턴은 F1 역사상 처음으로 3년 연속 10승을 거두었지만 그에게 영광과 찬사 대신 비난이 쏟아졌다.
결국 해밀턴의 방해에도 로즈버그는 베텔의 추격을 뿌리치고 2위로 득점을 쌓아 생애 첫 월드 챔피언이 된다.

해밀턴과의 경쟁에서 처음 앞선 순간이었다. 무엇보다 아버지와 아들이 모두 F1 챔피언에 오르는 희귀한 기록도 달성한다. 이는 그레이엄 힐(1962, 1968년 챔피언)과 데이먼 힐(1996년 챔피언) 부자 이후 최초의 일이다. 그런데 로즈버그가 챔피언이 된 지 불과 5일 뒤, 오스트리아 빈에서 열린 FIA 시상식에서 깜짝 은퇴를 선언한다. 모든 목표를 이루었으니 이제 가족들과 시간을 보내고 싶다는 이유였다. 치열한 라이벌전의 주인공 중 하나가 허무하게 싸움의 끈을 놓았다.

해밀턴은 마지막 순간 정중했다. 그는 "우리는 열세 살 때부터 함께 카트를 몰며 항상 챔피언이 되는 것에 대해 이야기했다. 내년에 그가 팀에 없는 건 슬플 것이다"며 한때 친구였던 경쟁자를 배웅했다. 이로서 해밀턴과 로즈버그의 싸움은 막을 내린다. 이 둘이 같은 팀에서 뛴 4년 78경기 동안 해밀턴이 2회 챔피언에 32승, 1,334포인트, 로즈버그가 1회 챔피언에 22승, 1,195포인트를 달성했다. 모든 수치에서 해밀턴이 앞선 결과였다. 여담으로 로즈버그는 은퇴 후 친환경 전기차 SUV 레이스 대회인 '익스트림 E' 참가팀을 만들었는데 해밀턴도 2021년 자신의 엔트리 넘버를 붙인 'X44' 팀으로 같은 대회에 참가하게 된다. 두 사람의 묘한 경쟁이 다시 이어진 셈이다.

2013년부터 2016년까지 이어진 이들의 대결은 드라이버들의 감정이 고스란히 드러나는 적나라함 때문에 역대급 라이벌전으로 남았다. 당시 상황을 한 유투버가 영상으로 만들어 올렸는데 조회수 100만 뷰가 넘어가는 인기를 끌었다. 이 영상의 제목이 'The Silver War F1 2016'이다. 은색(Silver)은 1930년대부터 메르세데스 벤츠의 모터스포츠 활동을 상징하는 색으로, 그들의 경주차에 은색 화살(Silver Arrow)이란 별명이 붙여졌다. 이후 '실버 워'는 메르세데스 내에서 벌어진 해밀턴과 로즈버그의 전쟁 같은 대결을 상징하는 고유명사가 되었다.

한국과 해밀턴의 소소한 인연

F1 한국 그랑프리

해밀턴은 2010년부터 4년간 전라남도 영암에서 열린 F1 코리아 그랑프리에 참가했다. 이 시기는 맥라렌에서 메르세데스로 이적하는 과도기 무렵으로 해밀턴의 경쟁력이 커리어 중 가장 떨어졌던 때다. 그는 한국에서 한 번도 우승하지 못했으며 2010~2011년 연속 2위에 오른 성적이 최고점이다. 이 중 2011년은 폴포지션 기록도 남겼다. 하지만 2010년 한국 그랑프리 연습주행에서 가장 빠른 랩타임을 기록하는 등 서킷과의 궁합은 나쁘지 않은 편이었다. 이는 영암 경기장에서 이루어진 역사상 첫 기록 측정 주행이었다는 점에 의미를 부여할 수 있다. 역대 한국 그랑프리 성적은 2010년 2위, 2011년 2위, 2013년 10위, 2014년 5위다.

F3 코리아 슈퍼프리

해밀턴은 F1 데뷔 이전인 2003년 경남 창원에서 열린 F3 코리아 슈퍼프리에 참가했다. 본선 레이스에서는 추돌 사고로 좋은 성적을 남기지 못했지만 예선에서 창원 시가지 경기장 역대 최고속도랩 기록을 세우며 폴포지션에 올랐다. 경기장 개장이후 4년간 깨지지 않았던 1분 10초대의 벽을 가뿐히 넘어선 1분 09초 989의 코스 레코드 갱신이었다. 이해를 마지막으로 창원 경기장이 철거되면서 해밀턴의 기록은 역대 최고 속도 기록으로 영구히 봉인되었다.

한국 기업과의 인연

해밀턴은 한국 기업의 광고 모델로 활동한 적이 있다. 2020년 LG전자가 고급 TV 라인의 브랜드 앰버서더로 해밀턴을 기용했다. LG는 밀레니얼 세대를 겨냥해 스포츠, 예술, 라이프스타일 분야를 대표하는 글로벌 인플루언서들과 협업했고 그중 한 명으로 해밀턴이 선택된 것이다. 그 이전 해밀턴은 F3를 타던 시절, 한국 브랜드 금호타이어를 사용하며 소소한 인연을 맺은 바 있다. 당시 금호가 F3 유로 시리즈 공식 타이어 공급업체였던 인연이다.

김치볶음밥과 김치전

해밀턴은 2019년 한국어로 진행되는 인기 유튜브 채널인 '영국남자Korean Englishman'에 출연했다. 촬영 장소는 한국이 아닌 이탈리아 밀라노였으며 당시 타미 힐피거와 루이스 해밀턴의 패션 협업 행사를 계기로 촬영이 이루어졌다. 이 영상에서 진행자 조쉬는 해밀턴에게 김치볶음밥과 김치전을 내놓았다. 해밀턴은 처음 접하는 김치에 의외로 만족스러운 반응을 보였다. 특히 김치전을 시식하고는 "매콤하면서도 바삭한 식감이 마음에 든다"며 "비건 다이어트 식단에 새로 추가해도 되겠다"고 호평했다. 그러나 경기를 앞두고 있어 식단 관리 차원에서 음식을 많이 먹지 못해 아쉬워했다는 후문이다.

한국 셀럽들과의 만남

스치는 인연이었지만, 해밀턴은 여러 차례 한국 연예인들과도 크고 작은 행사에서 만났다. 2018년 상하이에서 열린 타미 힐피거 패션쇼에서 걸그룹 소녀시대의 태연과 나란히 포토라인에 섰고, 2022년에는 이집트 카이로 디올 패션쇼에서 아스트로 차은우와 만났다. 한국에서 열린 2010년 태그 호이어 신제품 발표회에서는 배우 한고은, 가수 천정명과 함께 자리한 인연도 있었다. 해밀턴이 한국 드라마를 인상 깊게 시청한 일도 있었던 것으로 보인다. 2021년 넷플릭스 오리지널 콘텐츠 〈오징어 게임〉이 공개된 이후 이 시리즈에 출연한 배우 정호연의 인스타그램을 팔로우하며 관심을 드러냈다. 최근에는 K-POP 걸그룹 블랙핑크의 멤버 로제와 함께 명품 가방 리모와의 광고 모델로도 활동하면서, 한국을 방문하기도 했다.

COLUMN 해밀턴에게는 '서킷의 악동'이란 별명이 있다. 이 이미지는 레이스에서 표출된 해밀턴의 경쟁심, 그리고 그의 거침없는 정치적 견해 표명과 사생활에 대한 왜곡에서 빚어졌다.

실제로 2016 시즌 최종전에서 선두 위치임에도 고의로 속도를 늦추어 레이스 흐름을 '조작'하려 한 사건 등 부인하기 힘든 잘못도 있었다. 페르난도 알론소부터 시작해 니코 로즈버그와의 관계에서 절정을 이루었던 팀메이트와의 마찰도 부정적 이미지를 키웠을 수 있다. 본인의 잘못 여부를 떠나 갈등의 당사자라는 프레임이 씌워진 것이다.

사실 치열한 자리싸움과 브로킹, 상대를 위험에 빠트리는 거친 추월은 F1에서 모든 드라이버들이 갖는 경험이어서 해밀턴에게 국한하여 '악동'의 수식어를 붙일 일은 전혀 아니다. 오히려 해밀턴의 라이프 스타일이나 가치관 등 경기 외적 요소에서 덧붙여진 일련의 이슈들이 안티들에게 먹잇감을 던져 주었을지 모른다. 인권과 다양성, 환경보호에 대한 해밀턴의 입장 표명은 다수의 동조자와 함께 일부의 반발도 불어왔다. 분명 스포츠 선수의 정치적 견해 표명은 누군가에게 불편한 일일 수 있다.

일단 한번 낙인 찍히면 그 다음 모든 행동에 색안경을 낀 눈초리가 이어진다. 2022년 FIA가 피어싱 착용을 이유로 해밀턴의 소속팀에 2만 5,000 파운드의 벌금을 내린 사건을 예로 들어 보자. 단속과 처벌은 드물었지만 본래 장신구 착용을 금하는 규정은 있었다. 이해 각 팀들도 준수 서약 동의서까지 냈다.

그런데 이 방침에 따르던 해밀턴이 2022 싱가포르 그랑프리에서 다시 코걸이를 하고 나타났다. 피어싱을 뺀 자리에 염증이 생겨 치료 차원에서 장신구를 착용했던 것이다. 심사위원들은 의료적 사유는 인정했지만 관리 책임이 있는 소속팀에 벌금을 부과했다.

여기서 일단락되는가 싶었지만 해밀턴은 장신구 규정을 갑작스럽게 강화한 FIA를 비판하는 발언을 해 일을 키웠다. 그는 인터뷰에서 "(피어싱과 같은) 사소한 일이 문제가 되는 것은 정말 미친 짓"이라면서 "솔직히 말해 나는 (해당 규정에 대해) 신경도 안 쓴다"고 공개적으로 말했다.

불필요한 발언이었다. 피어싱 규제는 안전을 위한 조치인 만큼 규칙 자체가 잘못되었다고 할 수 없음에도

서킷의

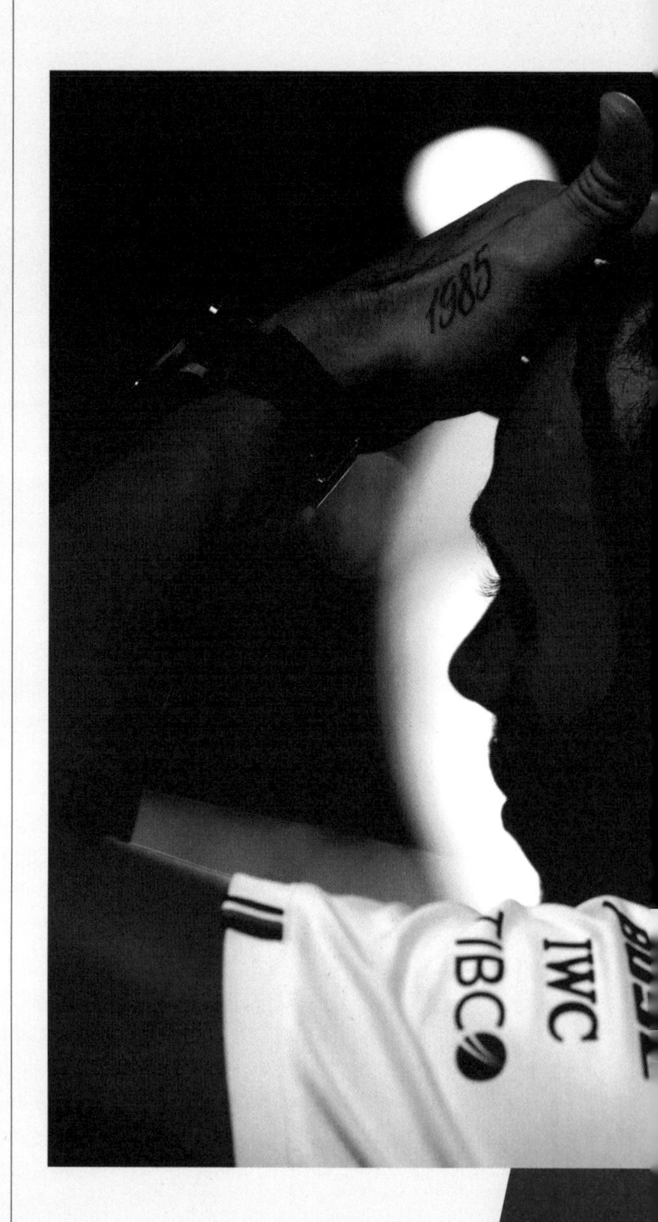

악동?!

본인의 입장만 생각해 불만을 토로한 것은 비난의 여지가 있었다.

기행으로 비칠 만한 행동도 했다. 2020년에는 시계 회사 '해밀턴'을 상대로 상표권 관련 소송을 했다가 최종적으로 패소했다. 상대는 무려 1892년부터 브랜드를 만들어 온 전통의 기업이었으니 그의 소송은 무모하고 비상식적으로 보였다.

2015년에는 조코비치와 페더러가 맞붙은 윔블던 테니스 결승전 VIP석 초대장을 받고도 출입을 거절당한 일로 화제를 모았다. 정장을 요구하는 복식 규정을 따르지 않아서다. 윔블던은 참가 선수들에게도 머리부터 발끝까지 하얀색만 입도록 규제하는 등 까다로운 복장 정책으로 널리 알려진 대회다. 언론은 "역사가 깊은 유명 스포츠 이벤트에 대한 배려와 이해가 없었다"며 해밀턴의 무지를 비난했다.

부정 이슈가 반복되자 이제 별 것 아닌 일에도 네거티브한 프레임이 씌워졌다. 2015년 중국 그랑프리에서는 우승 축하 세리머니 중 중국인 그리드 걸Grid Girl에게 샴페인을 뿌렸는데 일부 여성단체에서 이를 여성에 대한 폭력적 행동이라 비난했다. 포디엄에서는 상대 선수는 물론 팀 관계자, 심지어 관중에게 샴페인을 뿌려도 관용으로 받아들여지는데 해밀턴의 행동만 이슈가 된 것은 과잉반응이라 할 수 있다.

심지어 2017년에는 크리스마스를 맞아 분홍색 드레스를 입은 조카에게 "남자는 공주 드레스를 입지 않는거야"라고 말하는 영상을 인스타그램에 올렸다가 후폭풍에 휘말렸다. 어린아이를 공개적으로 부끄럽게 한 성차별적 발언이라는 비난이었다. 평소 다양성에 대해 지지해왔던 해밀턴이기에 곧바로 사과했지만 가족들과의 친근한 분위기 속에서 이루어진 가벼운 발언 하나가 언론이 물어 뜯는 가십이 된 것은 분명 가혹했다.

어쩌면 '서킷의 악동'이라는 이미지는 해밀턴이 치르는 유명세의 하나가 아닐까 한다. 사견으로 넷플릭스 〈F1, 본능의 질주〉를 보며 제작진이 해밀턴과 메르세데스가 등장하는 씬을 마치 스타워즈 영화속 다스 베이더처럼 묘사했다고 느꼈다. 모든 팀들이 꺾고 싶은 강한 경쟁상대의 존재를 시각적으로 연출한 것이지만 누군가는 해밀턴을 '빌런'으로 느꼈을지 모른다. 하지만 '강함'은 '악'과 동의어가 아니다.

TEAM MATE 루이스의 팀메이트들

루이스 해밀턴은 18년(2024년 기준)의 F1 활동기간 중 6명의 팀메이트를 만났다. 유난스럽게 팀내 갈등이 많았던 그였기에 이들 대부분과 공개적 불화를 겪었다. 그와 불편한 경쟁 관계를 맺은 동료들은 모두 F1 챔피언 타이틀이 있었다. 둘째가라면 서러워할 정상급 선수들이 한 지붕에 모였으니 잡음이 나는 것은 당연했다. 이 중 해밀턴과 같은 팀에서 챔피언을 따낸 경우는 니코 로즈버그가 유일하다. 알론소와 젠슨 버튼은 해밀턴을 만나기 전 미리 타이틀을 얻었다. 대부분 시즌에서 해밀턴은 팀 동료보다 높은 포인트를 올렸다. 그가 팀동료보다 낮은 점수를 기록했던 시즌은 단 세 차례. 2011년 젠슨 버튼과 2016년의 니코 로즈버그, 그리고 2022년의 조지 러셀이다. 가장 길게 팀 동료의 인연을 맺은 드라이버는 발테리 보타스로 5년간 해밀턴과 함께 뛰었다. 그는 해밀턴이 최전성기를 구가할 당시의 숙명적 2인자였기에 여러 차례 경기에서 팀 오더에 따른 전술적 희생양이 되었다.

FERNANDO ALONSO

2007 페르난도 알론소 / 맥라렌 / 시즌 모두 해밀턴 우위 / F1 2회 챔피언 2005, 2006

HEIKKI KOVALAINEN

2008-2009 헤이키 코발라이넨 / 맥라렌 / 2시즌 모두 해밀턴 우위

JENSON BUTTON

2010-2012 젠슨 버튼 / 맥라렌 / 3시즌 중 2시즌 해밀턴 우위 / F1 1회 챔피언 2009

NICO ROSBERG

2013-2016 니코 로즈버그 / 메르세데스 / 4시즌 중 3시즌 해밀턴 우위 / F1 1회 챔피언 2016

VALTTERI BOTTAS

2017-2021 발테리 보타스 / 메르세데스 / 5시즌 모두 해밀턴 우위

GEORGE RUSSELL

2022-2024*시즌 진행 중 조지 러셀 / 메르세데스 / 2시즌 중 1시즌 해밀턴 우위

CHARLES LECLERC

2025- 샤를 르클레르 / 페라리 / 다음 시즌 예정

UBS
BOSS
PETRONAS
EPSON
Allianz
WIHURI
UBS
BOSS
PETRONAS
EPSON
WIHURI
77 V. BOTTAS

The Golden Moment

커리어 절정의 황금기

영국 BBC는 해밀턴을 2014년에 이어 두 번째로 '올해의 스포츠인'에 선정했다.
역대 최다승과 최다 챔피언 타이틀 기록의 새 역사가 쓰여졌다.
그는 이제 '슈마허'라는 역사에 도달했다.

> 일곱 번째 챔피언은 상상할 수도 없었다.
> 하지만 뛰어난 사람들과 서로를 진정으로 신뢰하며
> 함께 하면 이루지 못할 것은 없다.
> 출신과 배경에 상관없이 큰 꿈을 꾸는 게
> 중요하다는 메시지를 어린이들에게 전해주고 싶다.

_ **루이스 해밀턴** 7회 챔피언 달성 이후

BOSE
2017
44
WORLD
CHAMPION
MONSTER
ENERGY
TRONAS

01 메르세데스 전성시대

통산 4회 챔피언 등극

1.6리터 하이브리드 엔진 시대가 열린 이후 메르세데스GP는 역사상 가장 긴 기간 연속해서 리그를 지배한 왕조가 되었다. 벤츠가 규정변화에 민첩하게 대응한 결과이지만 긴 독주의 배경에는 비용 억제 정책의 일환이었던 FIA의 엔진 개발 규제가 경쟁팀의 추격을 늦춰준 효과도 있었다.

해밀턴이 32세가 된 2017년은 메르세데스 왕조 역사의 중간 지점이었다. 여전히 경주차 파워 유닛은 비교우위가 확실했고, 팀 재창단 뒤 7년간의 경험치도 더했다. 그들의 전성기는 도무지 멈출 기미가 없었다. 독주는 F1 팬들에게 권태감을 안길 수 있다. '어차피 우승은 메르세데스'라는 인식이 굳어지며 승부에 대한 기대감이 떨어진 것도 사실이다.

그런데 이해 F1 흥행을 반전시킬 근본적 변화가 일어난다. 미국 언론 재벌 리버티 미디어가 9조 3,000억원을 투자해 F1의 새 주인이 된 것이다. 1970년대부터 긴 시간 F1을 이끌던 버니 에클레스턴의 FOM은 F1의 가치만 믿고 오만했다는 평을 들었지만 새 주인이 된 미디어 기업은 달랐다. 리버티 미디어는 대회 로고를 바꾸고 MZ 세대와 새로운 팬 유입을 위한 홍보 전략을 펼쳤다. 대표적 사례가 넷플릭스 다큐멘터리 〈F1, 본능의 질주〉 제작 협력이다. 과거 경영진이었다면 트랙과 패독 곳곳을 찍어 대는 카메라를 용인하지 않았을 것이고, 저작권에 대한 간섭과 비협조로 프로그램 제작 자체가 무산됐을지도 모른다.
어쨌든 F1 데뷔 10주년을 맞은 해밀턴은 라이벌 니코 로즈버그의 깜짝 은퇴 이후 윌리엄스에서 영입된 발테리 보타스를 새 팀메이트로 맞았다. 네 살 어린 보타스(1989년생)는 5년 차 신예로 인구 대비 유명 드라이버를 많이 배출하는 핀란드 출신이다. 그동안 동년배이거나 선배와 짝을 이뤘던 해밀턴은 이때부터 경력과 실력, 나이 등 모든 면에서의 우위를 앞세워 확고한 팀의 중심이 된다. 메르세데스는 이제 명백히 해밀턴의 팀이었다. 이제 현역 주전 선수 중 해밀턴을 제외한 챔피언 타이틀 보유자는 알론소, 베텔, 라이코넨 등 3명이 남았다.
상대적으로 해밀턴의 가치도 높아졌다. 시즌 전 해밀턴은 음료 브랜드 몬스터 에너지와 후원 계약을 체결하는 등 수입원을 늘려가며 스포츠 재벌의 입지를 강화한다. 2017년 기준 그가 영국 스포츠 스타 중 최고의 부호인 것으로 조사되기도 했다. 영국 선데이 타임즈는 '영국 스포츠 스타 2017년 부자 순위'를 발표하며 해밀턴의 재산을 1억 3,100만 파운드(약 1,821억원)로 추산했다.
기분 좋게 시작한 2017 시즌, 해밀턴은 시즌 초반 페라리의 베텔에게 주도권을 빼앗겼지만

후반기 특유의 연승 모드를 가동하며 전세를 뒤집었다. 특히 12라운드 벨기에부터 17라운드 미국까지 여섯 번의 레이스에서 거둔 파죽지세의 5승은 타이틀 경쟁을 일방적 우위로 만들었다. 예선에서 강한 면모도 여전해, 2017 시즌 무려 열한 번 폴포지션을 잡았다. 시즌 20라운드의 절반 이상 경기에서 최고 랩타임을 기록한 셈이다. 특히 7라운드 캐나다에서는 개인통산 65회째 폴포지션에 오르며 전설의 스타 아일톤 세나와 함께 F1 통산 예선 우승 공동 2위에 오른 뒤, 13라운드 이탈리아 그랑프리에서 기록을 통산 69회로 늘리며 마침내 미하엘 슈마허를 뛰어넘은 역대 최다 폴포지션 수상자가 된다. F1에서의 예선은 단 한 바퀴의 기록만으로 누가 가장 빠른지 알 수 있게 해주는 핵심 지표다. 다른 차의 영향을 받지 않고 혼자 달려 드라이버의 기량과 경주차 성능을 단시간 최대치로 뽑아낸 결과이기 때문이다.

이처럼 막강했던 2017년 시즌, 18라운드 멕시코에서 해밀턴은 9위로 포인트를 더해 남은 경기 결과와 무관하게 자력으로 월드 챔피언 타이틀을 조기 확정한다. 최종 성적은 시즌 9승과 363포인트 달성이었다. 이로서 해밀턴은 개인통산 네 번째 왕좌에 오르며 현역 최다 타이틀 보유자 세바스찬 베텔과 동률을 이루게 된다. 67년 F1 역사에서 슈마허(7회), 판지오(5회), 프로스트(4회), 베텔(4회) 등 단 네 명만이 오른 경지다.

이는 영국 선수 중 역대 최고 기록이다. 1970년대에 활약한 재키 스튜어트의 3회 챔피언이 그 동안 영국이 낸 최고 성적이었다. 해밀턴이 4회 챔피언에 오르자 재키 스튜어트는 “아직 해밀턴의 최전성기는 시작도 되지 않았다. 30대 중반으로 갈수록 강해질 것이며 완숙미를 더하고 힘도 유지할 것”이라고 격려했다.

빗길 역전극으로 만든 현역 최다 5회 챔프

이어진 2018 시즌, 경쟁구도를 바꿀 만한 규정 변화가 없었지만 드라이버 보호 차원에서 운전석 앞부분까지 롤케이지가 이어진 해일로(HALO)가 처음 도입되었다. 초기에는 시야 방해 여부, 이질감 등이 경기력에 부정적 영향을 미친다는 우려도 있었지만 결과적으로 치명적 위험에서 드라이버를 구하는 필수 안전 장치임이 입증되었다. 이해 두 명의 4회 챔프인 해밀턴과 베텔의 라이벌전이 예상되었고 실제 양상도 그랬다. 베텔이 먼저 1~2라운드 연승을 하자 해밀턴이 4~5라운드 연승으로 반격한다. 이어진 캐나다와 프랑스에서 우승을 주고받아 초반 8라운드까지 이 둘은 나란히 3승을 거두며 포인트 경쟁을 한다.

이 과정에서 해밀턴에게 행운도 따랐다. 4라운드 아제르바이잔에서는 베텔이 더 빠른 스피드로 예선을 장악하며 선두를 달렸다. 하지만 레드불의 다니엘 리카르도와 막스 베르스타펜의 팀 동료간 충돌 사고 여파를 이용한 해밀턴이 선두권과 간격을 좁힌 뒤 1위 베텔의 실수를 틈타 행운의 마수걸이 우승을 챙겼다.

베텔도 상대의 홈 구장 영국 실버스톤에서 우승 하며 반격했지만 중후반기 해밀턴 특유의 몰아치기가 시작된다. 전년에 보여준 연승행진을 떠올리게 하듯 영국부터 일본으로 이어진 10~17라운드 여덟 경기에서 무려 6승을 쓸어 담는다. 이 기간 우승하지 못한 두 경기 성적마저 2위였다.

이 가운데 17라운드 러시아 그랑프리는 팀 동료 보타스가 순위를 양보해준 덕을 보았지만, 라이코넨을 상대로 끈질긴 역전을 시도한 끝에 예선 3위에서 1위로 올라선 14라운드 이탈리아처럼 본인의 실력을 과시한 경기가 많았다.

백미는 2018년 독일 그랑프리였다. 호켄하임링에서 벌어진 이 경기에 앞서 메르세데스는 해밀턴에게 2년 연장 계약을 안기며 2020년까지 안정적인 시트를 보장했다. 페라리 이적설 등 타 팀의 입질이 있었지만 승승장구 중이던 메르세데스가 안정적 경주차 성능을 무기로 해밀턴을 마음을 잡을 수 있었다.

기분 좋은 분위기 속에 돌입한 레이스이지만 상황은 꼬였다. 해밀턴 경주차의 유압장치가 고장 나며 예선 경기 도중 차를 멈춰야 하는 불운이 닥친 것이다. 남은 예선 참여가 불가능해지면서 최종 출발 위치는 14위가 된다. 반면 득점 선두에 올라섰던 세바스찬 베텔은 홈 그라운드의

> 수많은 레이스를 거치며
> 열심히 노력해 이룩한 우승이다.
> 그렇게 열심히 할 수 있었던 것과
> 함께한 모든 이들에게
> 감사드린다.

기운을 받은 듯 폴포지션으로 유리한 위치를 선점했다. 허망하게 후미 그리드로 밀린 해밀턴과의 간격을 벌일 수 있는 기회였다.

이렇게 시작된 본선 레이스. 오락가락 하는 빗줄기가 기적 같은 드라마를 연출했다. 해밀턴은 레이스 시작과 함께 후미권을 미친 듯이 추월하기 시작해 다섯 바퀴를 달린 뒤 10위로, 열 바퀴를 넘어서며 7위로, 서른 바퀴를 돌고 나서 3위까지 순위를 끌어 올리는 괴력을 발휘한다.

그리고 40랩이 지난 레이스 후반기에 다시 비가 오기 시작했고 해밀턴은 선두 그룹 중 가장 먼저 1스톱 작전에 기반한 타이어 교체를 감행한다. 어중간한 빗길에서 자주 사용되는 인터미디어트 타이어 대신 과감하게 가장 부드러운 컴파운드의 울트라 소프트를 선택했다. 경기 후반 노면이 마를 것으로 보고 도박에 가까운 전략을 펼친

것이다.

이 작전을 수행한 이후 2랩을 더 달린 시점에서 선두 베텔이 브레이킹 실패로 타이어 방호벽을 들이 받으며 탈락한다. 세이프티카가 투입되었고 해밀턴은 이 틈에 선두로 올라섰다. 출발 순위에서 무려 13단계를 올라선 기적 같은 역전이었다. 무엇보다 1스톱 작전에 의해 후반을 한 개의 타이어로 버티며 최고속도랩까지 기록하는 놀라운 컨트롤 능력을 선보였다.

이날의 드라마 같은 승리로 해밀턴은 득점 선두에 복귀하며 시즌 판도를 유리하게 돌려세웠다. 결국 두 경기 남긴 18라운드 멕시코에서 해밀턴의 종합우승이 확정된다. 전년과 같은 경기장에서 달성한 2연속 조기 우승이었다. 멕시코시티의 에르마노스 로드리게스 서킷에서 열린 이 경기에서 해밀턴은 4위를 했지만 베텔이 우승에 실패하며 남은 대회 결과와 무관하게 타이틀을 결정했다.

F1 종합 우승을 다섯 차례 차지한 업적은 전설 후안 마뉴엘 판지오(5회)와 동률을 이룬 기록이다. 해밀턴은 이제 역사상 두 번째로 많은 챔피언 타이틀 보유자가 된다. 또 시즌 최종 11승과 408포인트를 올리며 역대 한 시즌 최다 득점 신기록도 갱신했다(이 기록은 훗날 베르스타펜에 의해 깨진다). 2010년 포인트 제도가 변경(1위 10점 → 1위 25점)된 후 400포인트 이상 득점자가 나온 것은 처음이었다.

무엇보다 베텔과의 5회 챔프 선점 경쟁에서 앞서가며 명실상부하게 현역 드라이버 중 최고 자리에 오른다. 그는 "수많은 레이스를 거치며 열심히 노력해 이룩한 우승이다. 그렇게 열심히 할 수 있었던 것과 함께한 모든 이들에게 감사드린다"고 말했다.

PETRONAS
PETRONAS
IWC
EPSON
BOSE
IWC
ebmpapst
TOMMY
HILFIGER

잇따른 명경기로 6회 챔피언 도달

2019년을 맞이하며 F1팀들은 일제히 드라이버 라인업을 변경한다. 3강중 하나인 페라리는 키미 라이코넨 대신 샤를 르클레르를 선택했고, 레드불은 다니엘 리카르도가 떠난 자리에 피에르 가슬리를 영입했다. 전반적으로 20대 초중반이 밀집되어 그랑프리 역사상 가장 젊은 엔트리가 구성되었다. 승승장구하던 메르세데스는 이제 중견 고참이 된 해밀턴과의 계약을 연장했고, 보타스도 연임시키며 강 팀 중 유일하게 라인업 변화 없이 시즌을 준비했다. 해밀턴은 보타스와 함께 경쟁팀과의 격차를 더욱 벌리며 메르세데스 전성시대를 이어갔다.

이 둘은 2019년 초반 8경기에서 팀에 우승을 안겼다. 해밀턴이 6승을 몰아치는 사이 보타스가 2승을 보태 다른 팀들에게 포디움 가운데 자리는 그림의 떡 같은 존재로 인식되게 만들어 버린다. 메르세데스를 열외로 둔 2,3등 싸움이 경쟁팀들의 현실적 목표로 간주되었을 정도다.

F1 역대 1,000번째 경기라는 이정표가 된 시즌 3라운드 중국 그랑프리에서도 해밀턴이 우승하며 그나마 다른 선수들이 넘볼 수 있는 상징적 지표까지 가져가 버린다. 해밀턴은 앞선 2014년 역대 900번째 경기였던 바레인도 석권한 바 있어 900번째, 1,000번째 대회에서 모두 우승자로 기록되었다.

하지만 빛이 있는 곳에 그림자가 지듯, 해밀턴에게도 아픔의 시간이 있었다. 2019년 5월, 멘토이자 팀 고문인 니키 라우다가 향년 70세의 나이로 세상을 떠난다. 경기 중 발생했던 화재 사고 이후 그를 평생 괴롭힌 폐질환이 원인이었다.

라우다는 1970년 중반부터 3회의 월드 챔피언을 차지한 전설적 인물이다. 생명이 위태로웠던 경주 중 화재 사고를 딛고 다시 챔피언에 오르는 인간승리의 역사를 쓰며 불사조라는 별명이 붙여졌다. 그와 제임스 헌트의 대결은 2013년 론 하워드 감독의 영화 〈러시: 더 라이벌〉로 만들어져 국내 상영되기도 했다. 메르세데스는 경주차 노즈에 라우다의 이름을 새겨 추모했다. 해밀턴은 "지난 7년간 당신과 함께 할 수 있어 영광이었다. 당신이 없었더라면 나도 이 팀에 없었을 것이다. 내 인생의 밝은 빛이 되어준 것에 감사하다"고 자신의 스승에게 마지막 인사를 전했다. 이제 라우다가 없는 메르세데스였지만 위력은 전혀 줄어들지 않았다. 해밀턴은 3라운드 이후 득점 선두를 유지했고, 레드불 막스 베르스타펜과 페라리 샤를 르클레르 등 위협적인 젊은 드라이버들도 분위기를 바꾸지 못했다. 행운도 뒤따라 7라운드 캐나다에서 베텔이 가장 먼저 피니시 라인을 통과했지만 페널티로 5초가 가산되며 공식 1위가 되기도 했다.

이번에도 두 경기 남긴 19라운드 미국전에서 해밀턴의 시즌 우승이 일찌감치 결정된다. 텍사스주 오스틴에서 열린 이 경기에서 해밀턴은 팀 동료 보타스에 이어 2위를 차지했다. 이 결과로 주어진 18점을 더한 시즌 381점이 쌓이며 추격자 보타스(314점)와의 격차가 67점으로 벌어졌다. 이로서 3년 연속으로 조기에 타이틀이 확정되며 1위 싸움은 싱겁게 마무리된다. 2019년의 성적은 2년 연속 11승이자, 3년 연속 타이틀 방어라는 명료한 성과로 남았다. 2017년부터 3년간 이어진 해밀턴의 제2 전성기는 마치 은화살(Silver Arrow)에 올라탄 블랙 팬서의 활약과도 같았다. 이제 개인통산 6번째 타이틀이 해밀턴에게 주어졌다. F1 역사상 가장 많은 종합우승을 기록한 7회 챔피언 슈마허와의 격차는 이제 '1'. 세상은 동시대 경쟁자가 아닌 '역사'와의 싸움에 돌입한 해밀턴에 다시 한번 주목하게 된다. 불과 몇 년 전까지 상상하기 힘들었던 슈마허의 대기록 7회 챔피언이 그 과녁이었다.

02

슈마허와의 GOAT 경쟁

이번 세기 세 번째 10년이 시작된 2020년. 코로나 팬데믹이 스포츠계는 물론 인류 전체에 암울한 그림자를 드리웠다. 그나마 신체 접촉이 없는 F1은 사정이 나았다. 헬멧을 쓰고 나홀로 시트에 고립되어 천연 거리두기가 되는 종목이다. 하지만 혼란 속에 일정은 꼬였다. FIA와 F1은 궁여지책 끝에 북남미와 아시아 대회들을 삭제한 채 7월에 가서야 리그를 시작했다. 예정된 22번의 그랑프리 중 살아남은 경기는 17회였다. 관중이 사라졌다고 F1에 대한 관심까지 지워지지는 않았다. 역사상 최고 드라이버 슈마허에 맞서는 해밀턴의 도전이 세간의 관심을 모으며 새로운 흥행요소가 된다. 2019년 개인 통산 여섯 번째 월드 챔피언에 오른 그에게 남은 단 하나의 벽은 슈마허의 기록 '7'이었다.

F1 팬들은 벌써부터 카운트다운을 하고 있었다. 팬데믹 변수가 시기에 영향을 줄지 몰라도 해밀턴의 정상 등극은 의심의 여지가 없었기 때문이다. 당시 슈마허는 2013년 스키장에서 머리를 크게 다친 사고로 의식을 회복하지 못하는 상태였고, 해밀턴은 여전히 최강자의 지위와 최고 경주차를 양손에 거머쥔 전성기 현역이었다.
방구석에 내몰린 전 세계의 팬들은 긴 논쟁을 시작했다. '역사상 가장 위대한 선수는 누구인가'라는 GOAT(Greatest of all time) 담론이었다. 모터스포츠의 대명사 같은 존재인 미하엘 슈마허, 그리고 역대 기록을 갈아치우며 새 전설을 쓰고 있는 해밀턴. 이 두 선수의 시대를 넘어선 비교가 과연 가능할 것인가?

선수 넬슨 피케 주니어의 아버지였다. 당연히 둘이 몰았던 경주차의 성능과 구조도 달랐다. 슈마허는 3.5리터 12기통 엔진으로 F1을 시작했고 해밀턴은 1.6리터 스몰 엔진 시대에 전성기를 맞았다.
이러한 세대 차이에도 불구, 둘은 여러 방면에서 많은 공통분모를 갖고 있다. 먼저 출신 배경이 흡사하다. 평범한 가정에서 자란 해밀턴의 성장기처럼 슈마허 역시 어린 시절 쓰레기통에 버린 타이어를 모아 카트를 탔을 정도로 경제적 여유와 거리가 멀었다. 부자들의 스포츠라는 F1에서 역대 1, 2위를 다투는 두 사람 모두 재정적 핸디캡을 가졌다는 점은 매우 흥미로운 일이다.
또 이 둘은 약속한 듯 똑같이 22세에 F1에 데뷔해 33세에

해밀턴과 슈마허 이전 시대에도 GOAT 후보들은 있었다. 1950년대 후안 마누엘 판지오, 1980~1990년대를 지배한 알랭 프로스트와 아일톤 세나가 그 주인공이었다. 하지만 과거의 영웅들을 GOAT로 올려 세울만한 객관적 근거는 희박하다. 슈마허나 해밀턴이 각자의 기록만으로 세나와 프로스트를 합한 횟수 이상의 우승을 거두었으니 다른 전설들을 후보에서 제외한다 해도 실례는 아닐 것이다.
우리는 지금 2020년을 이야기하고 있지만, 슈마허와 해밀턴이라는 두 전설적 드라이버를 견주려면 시대 배경을 먼저 살펴야 한다. 미하엘 슈마허는 1969년생으로 해밀턴과는 16세 차이다. 이들의 나이차를 보여주는 극명한 예로 슈마허가 데뷔한 1991년 팀 동료가 해밀턴의 동시대

5회 챔피언, 34세에 6회 챔피언, 35세에 7회 챔피언을 달성했다. 성공 과정이 복사해 붙인 듯 일치한다. 심지어 두 번 종합우승을 한 뒤, 팀을 옮겨 다섯번의 챔피언 왕관을 썼다는 사실까지 빼 닮았다. 둘은 F1 활동 중 각자 세 명의 팀메이트에게 밀린 경험이 있다는 점도 똑 같았다.
슈마허는 같은 팀 넬슨 피케(1991년), 에디 어바인(1997년, 1999년) 보다 순위가 낮은 시즌이 있었고 은퇴 복귀 후에는 니코 로즈버그(2010년)보다 포인트가 적었다.
해밀턴도 세 시즌 팀 동료 보다 포인트가 낮았는데 젠슨 버튼(2011년), 니코 로즈버그(2011년), 그리고 2022년 조지 러셀이 그 주인공이다. 공교롭게도 슈마허와 해밀턴 모두를 같은 팀에서 앞선 경험을 가진 드라이버가 니코

로즈버그라는 묘한 공통점도 있다.
메르세데스라는 매개도 이 둘을 한데 묶는다. 해밀턴이 유소년기 맥라렌의 지원을 받았던 것처럼 슈마허는 메르세데스 레이싱 프로그램의 후원을 받는 '벤츠 장학생'이었다. 이 인연으로 메르세데스GP의 재건을 돕기 위해 은퇴를 번복하고 복귀하기도 했다. 그리고 그가 다시 물러난 빈자리를 차지한 주인공이 해밀턴이었다. 더구나 해밀턴은 F1 데뷔 후 2024년 현재까지 두 팀에서 18년간 오로지 메르세데스 엔진만 사용했다(2025년 페라리 이적 결정으로 이 기록은 중단될 예정이다).
슈마허와 해밀턴 모두 경쟁 과정에서 스포츠맨십을 의심케 하는 행동을 해 거센 비난을 받았다는 점도 비슷하다.

HAMILTON		SCHUMACHER
332	경기수	308
7	월드 챔피언	7
103	우승	91
197	포디엄 피니시	155
105	폴포지션	68

해밀턴은 2016 시즌 팀 내 경쟁 중 고의로 속도를 늦춘 사건으로 욕을 먹은 것을 포함, 과격해 보일 수 있는 레이스 배틀 상황을 자주 연출했다. 슈마허의 흑역사도 만만치 않다. 특히 1997년 자신을 추월하려던 경쟁자 자크 빌뇌브를 들이받는 비신사적 행동으로 F1 역사상 처음으로 시즌 전체 득점이 몰수되는 벌칙을 받은 사건은 꼬리표처럼 그를 따라다녔다. 이처럼 두 명의 역사적 선수들은 서로 다른 세대임에도 장점도 단점도 놀라울 만큼 닮았다.
그렇다면 숫자로 나타난 차이는 어떨까? 시대 보정 없는 결과만 본다면 거의 모든 부문에서 해밀턴이 우위다. 두 명의 통산 개인 기록 중 몇 가지를 비교해 보자.

기준이 달라진 통산 득점을 제외한 주요 지표에서 해밀턴은 슈마허보다 좋은 성적을 보여주고 있다. 해밀턴의 시대에 연간 경기수가 더 많았다는 점을 감안해도 평균치를 따지는 승률이 더 좋다. 해밀턴의 우승 확률은 31%로 세 경기 중 한 번 이상 꼴로 1위에 올랐다. 슈마허는 29.5%다. 다만 슈마허의 은퇴 복귀 후 시즌(2010~2011년)을 보너스로 생각해 제외한다면 승률은 33.8%로 올라간다. 은퇴 번복이 없었다면 슈마허의 우승 확률이 더 높은 셈이다.
그렇지만 10% 포인트 차이가 나는 폴포지션 확률(슈마허 22%, 해밀턴 31.6%)이나 포디엄 진입 확률(슈마허 50.3%, 해밀턴 59.3%)을 보면 시대 보정을 한다 해도 해밀턴의 전반적 우세는 변하지 않는다.

그렇다면 혹시 해밀턴이 좀 더 쉬운 상대와 싸웠기에 나은 결과를 얻었을까? 이 둘은 어떤 라이벌과 경쟁했으며 어느 쪽이 난이도가 높았을지 견주어 보자.

먼저 해밀턴은 주로 페라리와 레드불을 상대로 선두를 다투었다. 그 가운데 월드 챔피언급 경쟁자는 페르난도 알론소(2회 챔피언), 키미 라이코넨(1회 챔피언), 젠슨 버튼(1회 챔피언), 세바스찬 베텔(4회 챔피언), 니코 로즈버그(1회 챔피언), 그리고 막스 베르스타펜(3회 챔피언) 등이다. 이들 여섯 명의 타이틀 보유자 대부분 역대급 재능을 갖춘 선수임은 분명하다.

그럼 슈마허의 라이벌은 누구였을까? 슈마허는 데뷔 초반 당대의 지배자였던 아일톤 세나(3회 챔피언)를 몰아 세우며 주목을 받았다. 1994년 세나의 사망 사고 당시에도 그의 바로 뒤를 따르던 추격자가 슈마허였다. 또 알랭 프로스트(4회 챔피언), 나이젤 만셀(1회 챔피언) 등 대선배들과의 싸움에서 우위를 보였다.

베네통에서 1994~1995년 연속 챔피언이 되 이후에도 데이먼 힐(1회 챔피언), 자크 빌뇌브(1회 챔피언) 등 F1 드라이버를 아버지로 둔 금수저들과 대결했고, 전성기 무렵에는 괴력의 스피드를 자랑하는 '나는 핀란드인' 미카 하키넨(2회 챔피언), 그리고 데이빗 쿨사드를 꺾었다. 말년에도 당시 신예였던 키미 라이코넨(1회 챔피언), 페르난도 알론소(2회 챔피언) 등 역대급 선수들과 겨루었다. 과거 미화일지도 모르나 슈마허 쪽이 더 위대한 상대들과 승부를 했다고 할 수 있다.

각종 기록에서 해밀턴이 우위에 있지만 이를 인정하지 않는 쪽에서 내세우는 또다른 주장도 있다. 슈마허는 팀의 경쟁력을 스스로 만들어냈지만, 해밀턴은 좋은 차가 주어져 성과를 냈다는 '기여도' 측면에서의 슈마허 우세론이다. 페라리는 슈마허 합류 이전 다섯 시즌에서 단 2승만을 거두었을 정도로 약했다. 팀의 높은 이름값에도 불구, 마지막 타이틀을 차지한 것도 10년 전이었고 경주차 성능 역시 당시 강호 맥라렌이나 윌리엄스에 확연히 뒤진다는 평을 받고 있었다. 슈마허 이적 후 다섯 시즌 동안 페라리가 거둔 우승횟수는 30승. 이전과 비교가 되지 않는 성과였다. 슈마허는 페라리 이적 후 엔지니어들과 끊임없는 피드백을 주고받으며 강력한 경주차를 만들어 내는 데 기여했다. 그는 경기 외 시간 대부분을 페라리의 본부 이탈리아 마라넬로에서 보내며 일주일 내내 새로운 기술과 부품들을 테스트했다. 이 시기 슈마허는 모든 미캐닉들의 가족 이름까지 외우고 있을 정도로 적극적으로 팀을 이끌어 나갔다. 그의 성공 시기인 2000~2006년 사이 슈마허는 8만 9,533km의 테스트 시간을 가진 것으로 알려졌다. 지구를 두 번 도는 것과 맞먹는 기리다. 현재는 제한된 시간에만 테스트를 할 수 있게 규제되어 있지만 이전에도 모든 드라이버들이 슈마허 같은 수준으로 팀에 헌신한 것은 아니었다.

그 결과가 2000년 이후 5년 연속 드라이버와 컨스트럭터즈 챔피언십 더블 타이틀로 돌아온다. 슈마허 한 사람의 존재가 팀 분위기를 바꾸어 놓은 것이다. 물론 페라리의 재건을 100% 슈마허의 공으로만 돌릴 수는 없다. 당시 성과는 훗날 FIA 회장이 되는 장 토드 팀대표의 지휘력, 최고의 우승차를 만들어낸 로스 브론의 작전, 그리고 슈마허의 노력 등 세 박자가 맞춰진 결과로 보아야 한다.

반면 해밀턴은 데뷔 팀 맥라렌이 '윈나우' 도전팀이었고, 두 번째 팀 메르세데스도 그의 합류 무렵 이미 다음 세대 경주차 개발을 진행하고 있었다. 해밀턴 역시 엔지니어와의 소통을 강조하며 많은 시간을 투자했지만, 경쟁력 있는 차가 완성되는 과정에서의 직접적인 기여를 입증하는 사례들은 슈마허에게서 더 쉽게 찾아볼 수 있다.

모터스포츠의 GOAT 자리에 단 한 명을 올려 놓기는 어렵다. 기록을 중시하는 스포츠의 특성상 객관적 기준의 역대 최고 지위는 해밀턴에게 주어져야 하는 게 분명하지만 이를 인정하지 않는 이들의 의견에도 일리가 있다.

그렇다면 AI 딥러닝 기술을 통해 역대 드라이버들의 순수한 경기력을 따져보면 어떨까? 미국 아마존이 F1의 70주년을 기념해 역대 드라이버의 속도를 비교한 적이 있었다. 경주차와 시대의 차이를 넘어 어떤 드라이버가 가장 빠른지 추정해 보려는 시도였다. 아마존은 자체 개발한 드라이버 머신 러닝 기술을 활용, 1983~2020년 사이 모든 드라이버의 데이터 기반 순위를 매겼다.

이 분석에서 가장 빠른 드라이버는 아일톤 세나였고 그를 기준점으로 슈마허가 0.114초 차이로 2위, 해밀턴이 0.275초 차이로 3위였다. 이를 전적으로 신뢰할 수는 없지만, 시대 보정치를 둔 분석에서도 해밀턴과 슈마허가 최상위권으로 분류되었다는 점은 명확하다.

분명한 사실은 해밀턴은 역대급 지위에 전혀 부족함 없는 드라이버고, 과거에 대한 환상을 배제한 모든 객관적 지표가 그를 최고로 지목하고 있다는 점이다. 해밀턴과 1위 경쟁을 벌였고, 슈마허의 팀 동료로 오랜 시간 함께

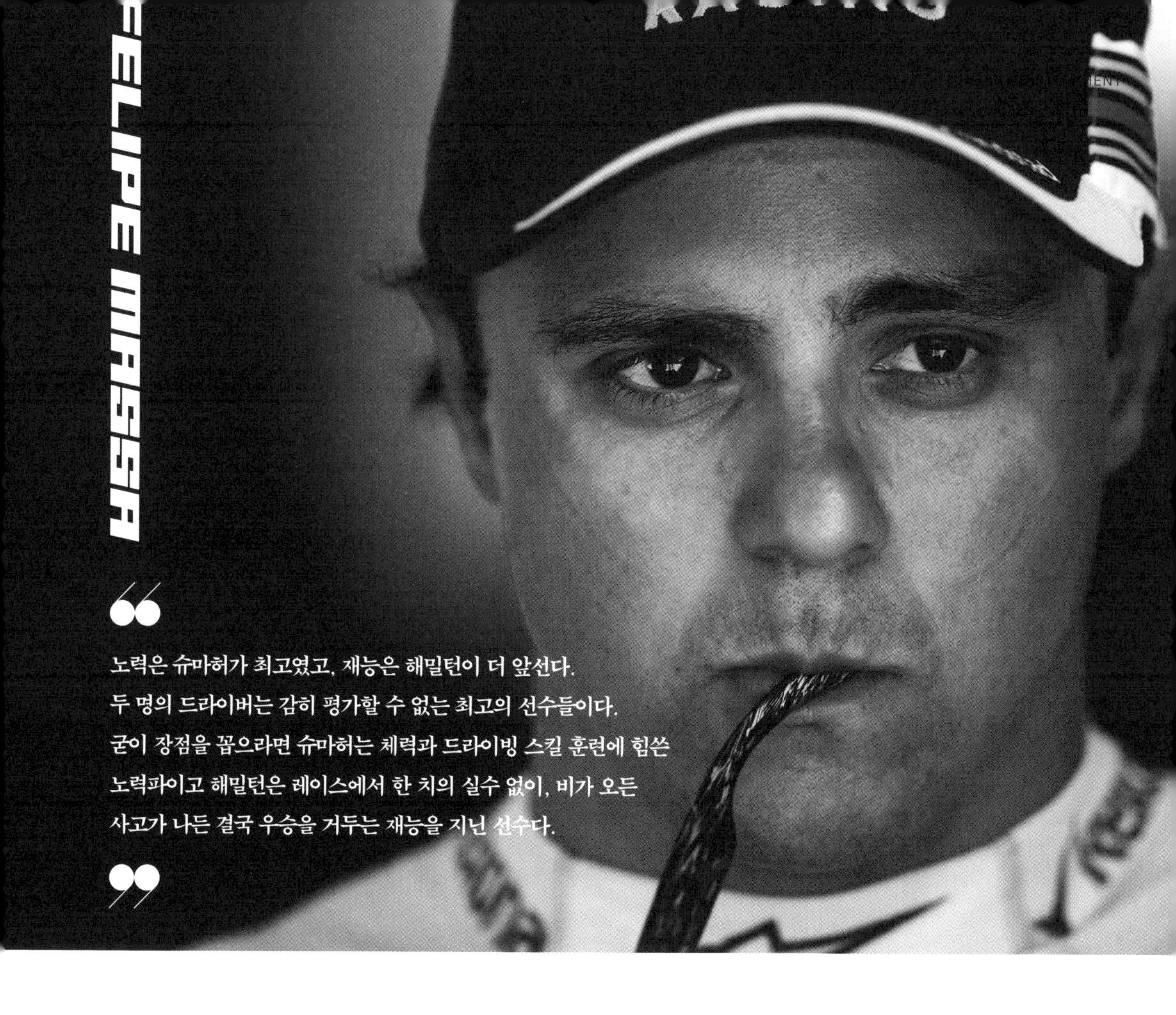

한 펠리페 마사는 이 둘에 대해 이렇게 말했다. "노력은 슈마허가 최고였고, 재능은 해밀턴이 더 앞선다. 두 명의 드라이버는 감히 평가할 수 없는 최고의 선수들이다. 굳이 장점을 꼽으라면 슈마허는 체력과 드라이빙 스킬 훈련에 힘쓴 노력파이고 해밀턴은 레이스에서 한 치의 실수 없이, 비가 오든 사고가 나든 결국 우승을 거두는 재능을 지닌 선수다."

다시 2020 시즌으로 돌아가보자. 역사에 기록된 대로 해밀턴은 7회 챔피언이 되며 드디어 슈마허의 기록과 균형을 맞춘다. 그는 이해 17회 그랑프리 중 11회를 우승했고 그 중 폴투윈은 무려 9회였다. 독일 뉘르브르크링에서 열린 11라운드 아이펠 그랑프리에서 우승하며 슈마허의 최다승(91승) 기록과 타이를 이뤘던 해밀턴은 포르투갈에서 92승째를 쌓아 역사상 최다 경기 우승자가 되는 새 역사도 썼다. 결승선을 통과하는 순간 팀원들은 무전으로 "루이스 92, 92"라 외치며 축하했다. 챔피언 타이틀은 14라운드인 터키에서 일찌감치 결정되었다. 포인트 307점을 쌓은 해밀턴은 보타스(197점)와 격차를 110점 차로 벌려 남은 3개 대회 결과에 상관없이 자신의 일곱 번째 시즌 챔피언 타이틀을 확정했다. 해밀턴은 "일곱 번째 챔피언은 상상할 수도 없었다. 하지만 뛰어난 사람들과 서로를 진정으로 신뢰하며 함께 하면 이루지 못할 것은 없다"며 "출신과 배경에 상관없이 큰 꿈을 꾸는 게 중요하다는 메시지를 어린이들에게 전해주고 싶다"고 소감을 밝혔다.

영국 BBC는 해밀턴을 2014년에 이어 두 번째로 '올해의 스포츠인'에 선정했다. 역대 최다승과 최다 챔피언 타이틀 기록의 새 역사가 쓰여 졌다. 그는 이제 명백히 '슈마허'에 도달했다.

03

'100' 그리고 '100'

2021년 새해 첫날, 영국 왕실은 해밀턴에게 기사 작위를 수여한다. F1의 전설 미하엘 슈마허가 보유했던 역대 최다 챔피언(7회) 기록과 어깨를 나란히 한 전년의 영광이 반영된 결과였다. 이로써 해밀턴은 2008년 대영제국훈장(Member of the Order of the British Empire, MBE)에 이어 영국인의 가장 큰 영예인 'Sir'(경) 칭호를 받게 됐다. F1 챔피언의 기사 서훈은 잭 브라밤(1978년)과 재키 스튜어트(2001년)에 이어 역대 3번째다. 소속팀 메르세데스도 해밀턴과의 계약을 1년 연장했다. 보통 전년도에 이루어졌을 계약이지만 코로나 상황과 FIA의 예산 상한선 규제 등 외부 변수로 발표가 다소 늦어졌다. 해밀턴은 "9시즌 연속 메르세데스와 함께하게 돼 기쁘다"며 "우리 팀은 놀라운 성과를 함께 해왔다. 앞으로도 계속 발전할 것"이라고 소감을 전했다.

이해 F1은 코로나의 영향으로 중국, 캐나다, 싱가포르, 일본, 호주 대회가 취소되었음에도 총 22라운드로 역대 가장 많은 경기가 열린다. 또 예선이 벌어지는 토요일에 미니 레이스 형식 스프린트 퀄리파잉이 시범 도입되어 새로운 볼거리가 마련되었다.

가장 중요한 변화는 이해부터 연 1억 4,500만 달러 이내로 각 팀 예산이 제한되는 규정이 적용되었다는 점이다. 이미 2019년에 사전 예고된 규정으로, 마케팅 예산이나 드라이버와 핵심 경영진 연봉은 한도에 포함되지 않았지만 경주차 개발비로 큰 돈을 써온 상위권팀들은 지출을 크게 줄여야 했다. 이는 부자팀과 중하위권 저예산팀의 격차가 좁아진다는 의미다. 과감한 기술 투자로 리그를 지배해온 메르세데스로서는 손해가 되는 상황이었다. 이해 해밀턴은 F1에서 두 번 다시 나오기 힘든 대기록들을 달성하며 소속팀에 8년 연속 컨스트럭터즈 챔피언십을 안기지만 아쉽게도 본인의 드라이버 챔피언 도전에는 실패한다.

통산 100 폴포지션 달성

해밀턴은 2021년 5월 9일 스페인 바르셀로나 카탈루냐 서킷에서 열린 시즌 4라운드 예선에서 1분 16초 741을 기록하며 막스 베르스타펜(레드불)을 0.036초 차로 따돌리고 1위를 차지했다. 이는 F1 역사상 최초의 개인 통산 100 폴포지션 달성의 금자탑이었다. 2007년 데뷔 후 15시즌 270번째 경기만에 이 기록이 나왔다. 단순 계산으로도 15년간 한 해도 쉬지 않고 매년 6.6회 꼴로 예선 1위를 가져가야 이룰 수 있는 업적인 만큼 두 세대에 걸쳐 정상권 기량을 유지한 해밀턴의 실력을 입증하는 증거가 된다. 역대 폴포지션 2위인 미하엘 슈마허(68회)나 3위 아일톤 세나(65회)를 훌쩍 넘어서는 기록이다. 그 누구도 이루지 못했던 상징적 벽인 '100'의 관문을 처음 통과한 해밀턴은 트위터를 통해 "100번째 폴포지션! 이 느낌을 어떻게 묘사해야 할지 모르겠다. 놀라운 대기록 달성을 도와준 모든 사람에게 감사드린다. 마치 첫 승을 거뒀을 때 느낌 같다"라며 기쁨을 감추지 않았다. 드라이버의 순수한 스피드를 나타내는 예선 지표를 통해 해밀턴은 이제 역대 가장 빠른 사나이의 지위를 공식화할 수 있게 되었다.

44
CROWDSTRIKE
EPSON
PETRONAS
CROWDSTRIKE
Hewlett Packard Enterprise
PETRONAS
CROWDSTRIKE
CROWDSTRIKE
CROWDSTRIKE

통산 100승 달성

스페인에서의 대기록 돌파 이후 6개월여 뒤인 2021년 9월 26일. 해밀턴은 또다른 '100고지'를 점령한다. 개인통산 100승 돌파의 대기록이다. 해밀턴은 소치 아우토드롬에서 열린 2021 러시아 그랑프리 결승에서 다소 불리한 4번 그리드에서 출발했음에도 가장 먼저 체커기를 받았다. 2위 베르스타펜과 53초 이상 차이를 만든 낙승이었다. 이제 100승, 100폴포지션이라는 상징적 고지에 모두 도달한 그는 명실상부한 'F1 기록 제조기'가 되었다. 슈마허가 91승으로 개인통산 최다승 기록을 마무리한 2006년 당시만 해도 '100승'은 도달 불가능한 상징적 목표로 여겨졌다. 당시 역대 2위인 알랭 프로스트의 우승횟수가 51승에 불과했기 때문이다. 13시즌간 활동하며 최상위권에서 롱런한 프로스트가 51승인데 이를 두 배 가까운 차이로 뛰어넘어야 닿을 수 있는 기록이 100승이었다. 하지만 해밀턴은 이를 이루어냈다. 2007년 데뷔후 2021년까지 한 해도 쉬지 않고 우승을 달성한 것은 물론, 그 중 여섯 시즌은 10승 이상을 싹쓸이하며 리그를 지배한 결과였다. 특히

2018년부터 3년 연속 11승을 기록한 최전성기의 활약이 개인통산 100승 돌파의 밑거름이 되었다. 해밀턴은 "100승을 따냈다. 열정으로 뭉친 사람들과 함께 역사를 이뤄낸 감정을 제대로 표현하기가 어렵다"며 "우리는 계속 싸우고 더 높은 곳으로 올라가야 한다. 우리는 우승할 수밖에 없는 챔피언이다"라는 소감을 남겼다. 이제 F1 무대에서 루이스 해밀턴이라는 이름은 현재진행형 레전드가 되었다. MZ 세대를 중심으로 사람들이 F1하면 떠올리는 이름도 이제 슈마허에서 해밀턴으로 바뀌었다.

ADNOC
أدنوك
44

빼앗긴 8회 챔피언

2021년 8회나 우승을 차지하며 타이틀에 도전한 해밀턴은 이해 각종 대기록 달성했지만 정작 챔피언십 경쟁에서는 다소 억울하고 뼈아픈 경험을 하게 된다. 해밀턴은 이해 리그 중반까지 연승 행진을 달린 베르스타펜과 치열한 포인트 다툼을 벌였다. 시즌 내내 베르스타펜이 앞서 갔지만 해밀턴이 19~21라운드 3연승으로 뒤늦게 힘을 발휘하며 최종전 아부다비 그랑프리를 앞둔 시점에 결국 동점(379.5포인트)을 만든다.

마지막 경기에서 공동선두로 동점자가 맞선 경우는 남미 출신 선수들의 대결이 된 1974년 에머슨 피티팔디(브라질)와 카를로스 레우테만(아르헨티나)의 뉴욕 격돌 이후 47년 만에 처음 벌어진 일이었다. 해밀턴에게는 역사상 최초의 8회 챔피언 등극이 걸린 경기였고 베르스타펜은 생애 첫 타이틀 획득의 기회였다. 경기는 베르스타펜의 폴포지션으로 시작되었다. 하지만 2그리드의 해밀턴이 빠르게 선두로 치고 올라가며 레이스 내내 흐름을 장악했다. 그런데 단 5랩을 남기고 니콜라스 라티피(윌리엄스)의 사고로 세이프티카가 나오며 승부가 뒤흔들렸다. 추월이 금지된 세이프티카 상황에서 남은 랩은 다섯 바퀴. 선두 해밀턴과 베르스타펜 사이에는 한 바퀴 이상 뒤진 다섯 대의 백마커들이 있었다.

통상적으로 세이프티카 상황에서는 모든 백마커들이 선두를 앞질러 대열 후미의 자기 순위 위치로 뒤따라 붙게 한다. 혹은 상황에 따라 백마커를 포함 모든 차의 추월을 금지하기도 한다. 선택은 레이스 디렉터의 재량이며, 이날 경기위원회는 드라이버 브리핑을 통해 당초 후자의 방법을 사전 고지했다. 남은 랩이 얼마 없었기에 그대로 세이프티카 상황에서 경기가 종료될 수도 있었다. 그런데 이 시점에서 경기를 총괄하는 레이스 디렉터 마이클 마시가 논란의 결정을 내린다. 백마커 12대 중 1~2위 사이 다섯 대만 세이프티카를 추월하도록 하고 다른 차는 현재 위치를 지키도록 한 조치였다. 괴기한 경기 운영이다. 예기치 못한 이 결정으로 해밀턴과 베르스타펜 사이를 가로막던 백마커가 사라진 것은 물론, 1~2위 간격도 아예 없어졌다. 결국 단 한 바퀴를 남기고 세이프티카가 해제되었고 당시 새 타이어를 끼고 있던 베르스타펜은 낡은 타이어로 버티던 해밀턴을 마지막랩에서 추월해 선두를 바꾼다. 동률로 시작했던 두 드라이버의 승부는 이렇게 결판이 났고 해밀턴의 8회 챔피언 도전은 물거품이 되고 만다. 메르세데스는 격노했다. 팀 대표 토토 볼프는 1986년 멕시코 월드컵에서 벌어진

아르헨티나와 잉글랜드의 대결을 예로 들며 디에고 마라도나의 '신의 손' 득점 같은 오류였다고 울분을 토했다. 해밀턴 역시 이해 연말 시상식에 참석하지 않으며 간접적으로 불만을 드러냈다. 추후 취하하기는 했지만 FIA 국제법정에 항소도 했다. 다음해 발표된 조사 결과 FIA도 오류를 인정하고 레이스 디렉터를 경질했지만 순위는 정정되지 않았다.
여담으로 당시 논란의 결정을 내렸던 레이스 디렉터 마이클 마시는 2010년 한국에 1년여 상주하며 첫 번째 F1 코리아 그랑프리의 오피셜 운영 및 대회 준비에 참여한 이력이 있다. 그는 F1 경기위원회 역사에 지워지지 않을 오점을 남겼지만 한국 모터스포츠 발전에는 적잖은 기여를 한 인물이기도 하다.

현재의 루이스

황당한 판단의 결과로 타이틀을 날린 이후 해밀턴과 메르세데스는 마치 돌진하던 가속력을 잃은 듯 레드불에 주도권을 넘겨준다. 2022 시즌을 앞두고 해밀턴은 한 동안 소셜 미디어를 중단한 채 잠적하며 은퇴를 고민했다. 하지만 메르세데스와의 계약을 2년 연장하며 자신의 SNS에 "내가 다시 돌아왔다 — I've been gone. Now I'm back!"라고 선언했다. 하지만 F1에는 이제 '슈퍼 막스' 베르스타펜이라는 젊은 태양이 떠오르고 있었다. 1994년 미하엘 슈마허와 함께 F1 베네통팀에서 활약하기도 했던 네덜란드 드라이버 요스 베르스타펜의 아들이다.

2022 시즌 해밀턴은 레드불을 넘지 못했다. 이해 FIA는 1980년 이후 금지되었던 그라운드 이펙트를 허용하는 내용으로 차체 규정을 변경했다. 의무적으로 평평하게 유지해야 했던 차체 바닥의 구조를 입체적으로 만들어 다운포스는 높이고 난류는 줄이는 효과를 내는 기술이다. 새 규정은 F1의 경쟁환경을 뒤흔들었다. 시즌 초반 대부분 팀들이 차체가 상하방향으로 불안정하게 요동하는 일명 '퍼포싱'(Porpoising) 현상으로 애를 먹었다. 그라운드 이펙트의 부작용이다. 천재 디자이너 에드리안 뉴이가 버틴 레드불은 비교적 빠르게 대응책을 내놓았지만 메르세데스는 그러하지 못했다. 8년간 이어지던 삼각별 벤츠의 왕조 시대는 이제 막을 내렸다. 해밀턴 역시 데뷔 이후 최악의 시절을 보내게 된다. 2007년 데뷔 후 15년간 한 해도 빼놓지 않고 적립하던 우승 기록이 중단되었다. 시즌 무승에 챔피언십 종합 순위는 6위. 심지어 새로운 팀메이트인 신예 조지 러셀에게도 뒤진 데뷔 이후 가장 저조한 성적이었다.

아홉 차례 포디엄에 올랐지만 전반적인 경쟁력에서 레드불은 물론, 페라리에도 뒤지는 양상을 보였다. 그나마 영국 그랑프리에서 3위에 올라 실버스톤 통산 13번째 포디엄을 달성하는 등 홈팬들을 위한 활약이 위안이 되었다. 이는 F1 역사상 단일 트랙 최다 포디엄 기록이다. 결국 베르스타펜이 시즌 14회라는 역대 한 시즌 최다승 기록을 세우며 두 번째 챔피언에 올라 F1의 새 시대 개막을 선언했다. 거스를 수 없는 세대교체의 흐름을 받아들이듯 커리어 내내 해밀턴과 경쟁했던 오랜 라이벌 세바스찬 베텔(애스턴 마틴)이 이 즈음 은퇴를 발표했다.

2023 시즌에도 거대한 시대 변화의 물결은 계속되었다. 메르세데스는 여전히 3강권을 유지하는 저력을 보여주고 있지만 본인들이 과시했던 압도적 우위는 이제는 레드불이 점하고 있다. F1에서 연속해서 10년을 넘긴 왕조는 존재하지 않았고 이 같은 세대교체는 도전과 역전이라는 이름으로 앞으로도 반복될 것이다. 해밀턴은 이해 우승을 기록하지 못했으나 포디엄에 다섯 차례 진입하며 종합 3위에 올랐다. 높게 평가될 성적이지만 역대 최다승자의 명성을 감안하면 다소 소박한 결과라 할 수 있다.

해밀턴은 세월의 장벽과 변화의 거센 물줄기를 맞았으나 결코 멈춰 서지 않았다. 더 이룰 것 없는 경지에서 은퇴라는 편리한 선택지도 있었지만 이는 그의 길이 아니었다. 2024년 반격의 실마리를 찾는 메르세데스와 마지막 협업을 이룬 뒤 2025년부터는 페라리로 이적해 새로운 도전에 나서기로 결정한 것이다.
페라리의 시트는 모든 드라이버들이 꿈꾸는 자리다. 한 때 'F1'이라는 이름보다 '페라리'의 브랜드가 더 가치 있던 시절도 있었다. 1950년 리그 창설 이후 단 한 차례도 빠지지 않고 경쟁에 참여했던 유일한 팀이자 1등을 못해도 1등보다 더 대접받는 존재다. 현재 2~3위권 수준임에도 포브스가 발표한 스포츠팀 순위에서 F1팀 중 가장 높은 39억 달러의 가치로 평가한 것만 보아도 그 위상을 쉬이 짐작할 수 있다. F1팀 평균 가치는 18억 8,000만 달러다.
말 그대로 '리그의 이유'이자 모터스포츠의 역사 그 자체인 팀에 이제 역대 가장 화려한 경력의 드라이버가 합류하게 된다. 루이스 해밀턴은 붉은 유니폼을 입고 다시 정상에 오를 수 있을까? 아니면 천천히 내려가는 길을 걸을 것인가? 어떤 방향이든 그가 F1 역사를 만든 거대한 조류의 끝에 올라서, 긴 시간 리그를 지배한 패왕이라는 사실은 지워지지 않으며, 단 한 사람에게 주어지는 GOAT의 왕관이 아직 그의 손에 있음을 부정하는 생각은 소수의견에 불과할 것이다.

10 MATCHES

해밀턴의 인생 경기 TOP 10

루이스 해밀턴은 그랑프리의 격전장에서 수많은 전투를 했다. 그의 커리어 중 열 번의 인생 경기를 손꼽았다. 의미 있는 경기, 테크닉과 작전이 돋보였던 멋진 승부, 기억에 남은 명장면을 중심으로 역대 최다승 드라이버의 17년 역사(2007~2023)를 되짚어 본다. 그는 특별히 영국과 독일 등 특정 경기장에서 인상적 레이스를 자주 연출했으나 개최국을 고르게 안배하는 차원에서 일부 명경기들은 아쉽게 제외했다.

2007 캐나다 그랑프리 : 영웅의 등장

100번 넘게 우승한 해밀턴에게도 처음은 있었다. 루키 시절인 2007년 6월 10일, 몬트리올 질 빌뇌브 서킷에서 열린 시즌 6라운드 캐나다 그랑프리에서 그의 인생 첫 승이 만들어진다. F1 역사에서 가장 초단기에 이룬 우승이었다. "만약 불과 여섯 번의 레이스만에 우승한다면 그는 미래에 무엇을 성취할 수 있을까요?" TV 해설자 제임스 알런의 감탄이 이날 승리의 가치를 대변한다.

F1 최초의 흑인 우승자가 나온 이 레이스에서 해밀턴은 개인 통산 첫 폴포지션도 기록했다. 앞선 네 경기에서 연이어 2위를 차지하며 첫 우승에 대한 기대감을 한껏 고조시킨 뒤 극적으로 터진 승리였다. 이날 경기는 잇따른 대형 사고로 매우 혼란한 분위기였다. 2위 출발한 팀동료 알론소(맥라렌)가 시작부터 해밀턴을 공격하다 오히려 트랙에서 이탈하는 실수를 범했다. 침착하게 방어한 해밀턴은 이 기회를 살려 2위권과 간격을 벌였다. 22랩에 에드리안 수틸이 방호벽을 들이받아 세이프티카가 나왔고, 사고 수습이 끝나자 마자 28랩에 로버트 쿠비자가 야노 트룰리와 추돌하며 허공을 날아 벽에 처박히는 사고를 냈다. 55랩에서는 비탄토니오 리우치가 다시 벽을 들이받으며 하루 네 차례나 세이프티카가 나오는 아비규환이었다.

2007 캐나다 그랑프리를 해밀턴의 인생 레이스로 뽑은 이유는 이 날 승부가 그의 F1 커리어를 바꾼 중대 전환점이 되었다고 생각하기 때문이다. 이날 해밀턴은 폴포지션의 이점을 살려 혼란속에서도 침착하게 레이스를 이끌었다. 피트 스톱으로 트랙을 비운 기간을 제외하면 선두를 놓치지 않는 정밀한 드라이빙이었다. 이로서 신예 해밀턴의 레이스 운영 능력이 입증되었다. 시시각각 상황이 급변하는 트랙 위에서 예선 1위부터 결승 1위까지 흐름을 장악해가는 모습은 고작 데뷔 4개월차 신예의 경기운영이라 믿기지 않을 만큼 능숙했다. 이 우승으로 해밀턴은 22세의 어린 나이에 인생 최초로 드라이버즈 챔피언십 포인트 선두에 이름을 올리기도 했다. 당시 기준 최연소 포인트 리더 기록이다.

2007 캐나다 그랑프리 이후 해밀턴은 더 이상 기대주가 아니라 월드 챔피언을 노리는 스타가 되었다. 주변의 평가가 달라진 것은 물론 스스로 얻어낸 자신감에 힘입어 톱 레벨 드라이버로 도약하게 된 것이다.

2008 영국 그랑프리 : 레인 마스터의 대관식

1950년 F1이 처음 시작된 장소인 영국 실버스톤은 2008년 60주년 경기를 맞았다. 이 상징적 무대가 해밀턴을 '빗길 장인'으로 만든다. 이 경기가 치러질 무렵 해밀턴은 데뷔 이후 첫 슬럼프에 빠져 있었다. 앞선 캐나다 그랑프리에서 피트 레인 출구에서 앞차를 들이 받고 리타이어하는 어처구니없는 실수를 했고, 이어진 프랑스에서도 10위에 머물러 데뷔 후 처음 두 경기 연속 무득점을 경험했다(당시는 8위까지 포인트 부여).

해밀턴은 홈 그라운드 실버스톤에서 분위기 전환을 노렸다. 출발 순위는 4위. 비가 내리는 가운데

공격적으로 스타트하며 세 계단 뛰어올라 선두 헤이키 코발라이넨(맥라렌)을 따라잡는 환상적 출발을 했다. 이후 더 굵어진 빗줄기로 트랙이 완전히 젖으며 명승부가 연출된다. 당시 손꼽히는 '빗길 장인'으로 여겨지던 페라리의 키미 라이코넨이 최고속도랩을 찍으며 해밀턴을 압박했다. 끈질기게 대결하던 두 드라이버는 동시에 피트에 들어와 타이어를 교체한다. 맥라렌은 이 지점에서 모험을 감행했다. 비가 잦아지는 듯 보였으나 해밀턴은 젖은 노면에 쓰는 인터미디어트 타이어Intermediate Tyres를 새로 끼웠다. 반면 라이코넨은 연료만 보충한 채 피트 스톱을 마쳤다. 알론소(르노)와 마크 웨버(레드불)도 첫 피트 스톱에서 타이어를 바꾸지 않았다. 다수 팀이 노면이 마를 것으로 예측한 것이다.
하지만 인간의 예단을 비웃듯 굵은 소나기가 트랙을 다시 뒤덮었다. 첫 피트 스톱에서 타이어를 바꾸지 않은 팀들은 접지력을 잃고 고전했다. 반면 싱싱한 인터미디어트로 무장한 해밀턴은 무시무시한 독주를 시작했다. 그의 레이스 페이스는 다른 세상의 속도였다.
해밀턴은 상위권 경쟁자들을 백마커로 만드는 추월쇼를 펼쳤다. 체커기를 받을 때 2위 닉 하이드펠트에 1분 이상 앞섰고, 3위 이하 모든 드라이버를 한 바퀴 차로 앞질렀다. 빗길이라 해도 이처럼 큰 격차가 벌어진 경기는 좀처럼 보기 드물다. 경주차의 성능 격차가 무의미해지는 수중전은 온전히 드라이버의 영역이다. 2008 영국 그랑프리는 해밀턴이 빗길에서 한 차원 높은 수준의 콘트롤 능력이 있음을 입증한 명승부로 남았다. 말 그대로 '레인 마스터Rain Master'의 대관식이었다. 이날 승리를 시작으로 해밀턴은 실버스톤의 최강자로 군림한다. 그는 커리어 기간 동안 영국에서 무려 8회 우승을 쌓으며 한 경기장에서 가장 많은 승리를 기록한 드라이버가 된다. 이는 프랑스에서 8회 우승한 슈마허와 동률이다.

3 2011 중국 그랑프리 : 타이어 작전의 승리

2011년 초반, 해밀턴은 전년 벨기에부터 해를 넘겨 이어진 8회의 경기에서 한 차례도 우승하지 못하고 있었다. 조급한 상황에서 맞이한 2011년 중국 그랑프리는 반전이 이어진 명승부였다. 출발은 불안했다. 맥라렌 크루의 실수로 경기 직전 급유 중 연료가 넘쳐 흘렀다. 처리가 늦을 경우 트랙에 들어가지 못한 채 피트 스타트해야 하는 위기였다. 긴급처방으로 최악의 사태는 피했지만 드라이버의 집중력을 방해할만한 실수였다. 해밀턴은 무너지지 않았다. 출발 순위는 3그리드. 스타트와 함께 첫 랩에서 2위로 올라섰다. 레이스 초반은 팀 동료 젠슨 버튼(맥라렌)이 선두, 이날 무시무시한 페이스를 보인 세바스찬 베텔(레드불)이 3위로 상위 세 명의 드라이버가 꼬리를 물고 바싹 붙어 달리는 양상이었다. 이후 타이어 선택과 피트 스톱 전략이 승패를 좌우했다.

맥라렌을 비롯한 상위권팀 대부분은 3스톱을 선택했지만 베텔의 레드불은 2스톱 전략을 폈다. 중후반 선두를 유지하던 드라이버는 2스톱의 베텔이었다. 베텔은 2스틴트까지 가장 빠르게 달리다 타이어 마모가 심해진 31랩에 마지막이자 두번째 피트인을 시도한다. 해밀턴은 세 개의 타이어를 균등하게 활용하며 3스톱으로 맞선다. 선두 베텔이 타이어 교체를 한 뒤에도 7랩을 더 버티고 달리다 38랩에 세 번째 피트 스톱을 해 새 프라임 타이어를 장착한다. 해밀턴이 상대적으로 더 깨끗한 타이어로 종반 승부에 임할 수 있게 됐다. 당시 피렐리 타이어는 마모가 빨라 몇 바퀴만에 접지력이 급변하는 등 상당히 다루기 어려웠기에 이 7랩의 차이는 레이스 끝 무렵 큰 변수가 된다. 더구나 베텔은 제동 에너지를 회생해 출력을 보태 주는 KERS 고장으로 어려움을 겪고 있었다. 결국 해밀턴이 마지막 다섯 랩을 남기고 베텔을 추월해 1위에 올랐다.

6명의 드라이버가 아홉 번이나 선두를 바꾼 혈전은 이렇게 마무리된다. 대혼란이었지만 세이프티카가 한 번도 나오지 않았던 만큼 사고 변수 없이 드라이버의 능력과 작전에 의해 승부가 결정된 레이스였다. 포디엄 한 가운데에 선 해밀턴은 눈물을 흘리며 감격했다. 8개월만의 승리이자 2011 시즌 첫 번째 우승이었다. 경기 자체도 재미있었지만 무엇보다 해밀턴의 타이어 관리 능력이 승부의 결정적 요인으로 작용했다는 점이 돋보였다.

4 2012 미국 그랑프리 : 역사적 추격전

미국은 거대한 시장이다. 과거 인디애나폴리스에서 열렸던 미국 그랑프리는 2008년부터 5년 공백을 가진 뒤 2012년 텍사스 오스틴 '서킷 오브 아메리카[COTA]'로 무대를 옮긴다. COTA는 1908년부터 그랑프리 대회가 열렸던 역사적 이름을 갖고 있지만 F1 유치를 계기로 완전히 새롭게 지어졌다.
결과부터 이야기하자면 이 경기는 수준 높은 드라이버들이 선두에서 경쟁할 때 얼마나 멋진 승부가 탄생할 수 있는지 알려 주는 교과서가 되었다. 당시 최강 경주차는 세바스찬 베텔의 레드불이었고, 이날도 폴포지션을 잡아 단기 속도전에서 당해낼 자가 없음을 입증했다. 해밀턴은 2그리드에게 출발했다. 문제는 예선 1위, 3위, 5위 등 홀수 순번 노면에 비해 2위, 4위, 6위 등 짝수열의 노면 상태가 좋지 못했다는 점이다. 흔히 말하는 더티 사이드와 클린 사이드다. 실제로 짝수열 경주차의 스타트가 더뎠고 해밀턴 역시 레드불 마크 웨버에게 2위 자리를 내주고 만다. 만약 웨버가 이 때 해밀턴을 좀 더 오래 붙잡았다면 팀 동료 베텔의 편안한 레이스로 경기가 끝났을지도 모른다. 하지만 해밀턴은 DRS[Drag Reduction System]가 허용된 3랩에 접어들자 웨버를 추월하며 빠르게 2위로 복귀한다. 이제부터 두고두고 회자될 명승부가 시작되었다. 해밀턴은 경기 내내 베텔과 2.5초 이내 간격을 유지하며 선두를 압박했다. DRS로 추월을 노리는 해밀턴과 이를 막아서는 베텔의 선두 싸움이 긴장감 넘치게 전개되었다. 드디어 42랩. 베텔이 한 바퀴 뒤진 HRT팀 경주차들과 만나며 백마커의 늪에 걸린다. 해밀턴에게는 신이 주신 기회였다. 선두가 속도를 내지 못하는 사이, 턱밑까지 따라붙은 해밀턴은 직선구간에서 슬립 스트림(Slipstream: 앞 차에 붙어 달리며 공기저항을 줄이는 주행법)으로 속도를 얻은 뒤 코너에서 추월에 성공한다. 이후 거꾸로 베텔이 1~2초차로 해밀턴을 압박하며 맹렬히 추격했다. 손에 땀을 쥐게 하는 혈전이었다. 결국 철벽 블로킹에 성공한 해밀턴이 간발의 차이로 먼저 체커기를 받는다. 불과 0.675초 차 신승이었다. 이날 보기 드물게 치열했던 1, 2위 추격전은 팬들의 뇌리에 오랫동안 기억되었다. 해밀턴은 끈질긴 도전으로 그의 인생 레이스를 만들었고 이는 맥라렌 소속으로 거둔 마지막 우승이 되었다. 더불어 미국 그랑프리라는 이름으로 열린 인디애나폴리스 경기장 고별전(2007년)과 새 서킷 오스틴의 오프닝 레이스(2011)에서 연이어 승리한 드라이버가 되었다.

2014 바레인 그랑프리 : 사막의 결투

해밀턴은 F1 역대 900번째, 1,000번째 경기에서 모두 우승한 진기록도 가지고 있다. 100경기 단위의 상징적 분수령에서 복수의 우승 기록을 가진 드라이버는 그가 유일하다. 그 중 900번째 경기가 바로 2014년 시즌 4라운드 바레인 그랑프리다.

황량한 사막을 배경으로 하는 사키르 경기장은 밋밋한 트랙 설계 때문에 늘 재미없는 그랑프리로 취급되었다. 당시 중동 민주화 운동의 바람속에 시위대 무력진압 사태가 발생해 정부 주도 사업인 F1에 대한 국민 반감도 거셌다. 바레인은 이를 타개하기 위해 2014년 중대한 변화를 시도한다. 오후 6시에 경기를 시작하는 이른바 황혼 레이스로의 전환이다. 아부다비를 흉내낸 이 전략은 화려한 조명으로 사막을 지워 버리는 효과를 가져왔다.

경기전, 파워 유닛의 우위를 자랑하는 메르세데스AMG가 압도하는 심심한 레이스가 될 것이라 생각했다. 하지만 뚜껑을 열자 격전의 흥분이 가득한 명승부가 기다리고 있었다. 바로 팀내 경쟁이다. 해밀턴과 팀동료 니코 로즈버그는 세 차례의 연습 주행과 예선에서 모두 톱 타임을 올리며 메르세데스의 강세를 입증했다. 로즈버그가 폴포지션, 해밀턴이 2그리드에 섰다. 스타트와 함께 더티 사이드 짝수열에서 출발한 해밀턴이 로즈버그를 추월해 선두로 올라선다. 로즈버그는 레이스 리더 자리를 빼앗겼지만 해밀턴을 추격 사정권에 붙잡아 두며 끈질기게 따라붙었다.

드디어 맞이한 첫 번째 피트 스톱. 19랩에 먼저 들어와 다시 한 번 소프트를 선택한 해밀턴과 달리, 두 랩 뒤 피트인한 로즈버그는 상대적으로 느린 미디엄 타이어를 끼운다. 해밀턴이 더 빠른 타이어를 갖게 된 상황인데 의외로 둘의 간격은 전혀 벌어지지 않았다. 로즈버그의 놀라운 페이스였다. 2스틴트 끝 무렵인 40랩, 1~2위 격차는 10초 이내였다. 이제 선택의 여지없이 미디엄을 써야만 하는 해밀턴에 비해 마지막 타이어로 소프트를 아껴 둔 로즈버그가 종반에 더 유리한 국면을 맞게 되었다.

엎친데 덮친 격으로 41랩에 말도나도(로터스)와 구티에레스(자우버)가 사고를 내 세이프티카가 발령된다. 이 시점에서 1~2위를 다투던 메르세데스 드라이버들이 연달아 타이어를 교체했다. 이제 둘의 간격은 없어졌다. 경기 10랩을 남긴 채 세이프티카가 철수하며 1~2위간의 마지막 혈투가 시작된다. 메르세데스 듀오는 휠과 휠이 맞닿는 전쟁을 벌였다. 더 빠른 타이어를 가진 로즈버그가 선두의 엉덩이에 코를 붙이고 다가오면 해밀턴이 블로킹으로 막아서는 상황이 반복되었다. 그들 뒤로 세르지오 페레즈와 니코 휠켄베르그(이상 포스 인디아)가 3위 다툼을, 세바스찬 베텔과 다니엘 리카르도(이상 레드불)가 5위 경쟁을 벌이며 트랙 곳곳에서 팀 동료간 대결 양상이 펼쳐졌다. 결국 해밀턴이 단 1초 차이로 선두를 유지한다. 해밀턴은 절묘한 블로킹 능력으로 자신보다 더 빠른 차를 상대하는 요령을 보여주었다. 그는 "내가 지금까지 경험한 레이스 중 가장 잘 계산된 레이스 중 하나였다"며 짜릿한 승리를 자축했다.

이날 벌인 메르세데스 동료들의 대결은 이후 2016년에 절정을 맞이하는 실버 워Silver War의 시작점이었을지도 모른다. 해외 미디어는 이날 경기를 '사막의 결투Duel in the Desert'라 칭했다. 그리고 기세를 올린 해밀턴은 2008년 이후 되찾지 못했던 챔피언 타이틀을 이해 다시 가져오게 된다.

2018 이탈리아 그랑프리 : 역전의 모든 것

클래식 서킷인 이탈리아 몬자는 F1에서 가장 빠른 속도전이 펼쳐지는 경기장이다. 직선 위주로 짜인 이 트랙의 구조는 스피드의 진수를 맛보기에 적합하다. 해밀턴은 슈마허와 함께 몬자 역사상 가장 많은 우승(통산 5승)을 이룬 드라이버다. 특히 최전성기를 달리던 2018년의 승리는 그의 인생 경기 중 하나다. 역전과 재역전, 그리고 치열한 두뇌 싸움이 응집된 명승부였기 때문이다.

예선부터 치열한 속도전이었다. Q3에서 해밀턴이 먼저 몬자 서킷 역대 최고 랩타임을 찍었지만 곧바로 페라리의 키미 라이코넨이 당시 기준 역대 최고 평균속도(263.588km/h)를 기록하며 예선 1위를, 같은 팀 세바스찬 베텔이 예선 2위를 차지하여 페라리가 홈 그라운드 1~2 그리드를 장악한다. Q3에서만 몬자의 트랙 레코드가 무려 여섯 차례 경신되었다. 해밀턴은 최종 출발 위치는 3그리드. 그는 데뷔 후 몬자에서 네 차례나 폴포지션을 잡을 만큼 강세를 유지했기에 이 경기장에서 프론트 로우(Front row: 1~2 그리드)를 벗어나 스타트한 것은 이날이 처음이었다.

해밀턴은 다소 불리한 위치임에도 첫 랩에서 2위 베텔을 추월했다. 이 과정에서 두 드라이버가 측면으로 충돌하는 사고가 발생했다. 페라리 경주차의 앞날개가 부러졌지만 해밀턴의 메르세데스는 큰 피해를 입지 않았다. 논란의 여지가 있었지만 패널티 판정은 없었다. 벌칙 위기를 넘긴 해밀턴은 4랩에 접어들어 세이프티카가 해제되자 1위 라이코넨을 추월하며 이날의 첫 선두 변동 상황을 만든다. 상대도 만만치 않았다. 라이코

넨은 곧바로 반격에 들어가 단 3코너 만에 1위에 복귀했다. 이 둘은 19랩에 돌입할 때까지 1~2초 간격 접전을 이어갔다. 그리고 제2스틴트의 시작을 알리는 20랩, 라이코넨이 예측하지 못한 타이밍에 기습적으로 피트 스톱했다. 선두 자리를 물려 받은 해밀턴은 타이어 교체를 늦추며 라이코넨과의 간격을 벌이려 했지만 좀처럼 필요한 만큼의 차이를 만들어내지 못한다. 적당한 피트 스톱 시기를 잡지 못해 고심하던 메르세데스는 제2드라이버 발테리 보타스의 피트인을 늦추며 트랙에 머물게 했다. 라이코넨을 견제하려는 의도였다. 계산대로 보타스의 등 뒤로 피트에서 나온 라이코넨이 나타났고 팀은 이를 가로막으라 지시한다. 팀 오더를 받은 보타스가 라이코넨을 꽁꽁 묶어 두는 사이 28랩 해밀턴이 타이어를 갈고 3위로 트랙에 복귀한다.
35랩, 악착같이 버티던 보타스가 드디어 피트로 들어가면서 다시 선두가 된 라이코넨의 등 뒤에 새 타이어로 무장한 해밀턴이 바싹 따라붙었다. 이날 최고속도랩을 찍을 정도로 빠른 페이스였다. 둘의 시간차는 3.6초에 불과했다. 더구나 라이코넨은 보타스의 블로킹에 휘말리며 타이어를 지나치게 소모했다. 불리한 조건에 놓인 백전노장 라이코넨은 해밀턴의 추격을 막기 위해 혼신의 힘을 다했고, 추격자 해밀턴은 침착하게 1~2초 간격을 유지하며 상대의 실수를 기다렸다.
결국 해밀턴이 경기 종료를 9랩 남긴 45랩에 페이스가 늦춰진 라이코넨을 깔끔하게 추월한다. 남은 랩에서 순위 변동은 없었고 2위에 8.7초 앞서 체커기를 받았다. 해밀턴의 이탈리아 그랑프리 통산 다섯 번째 우승이었다. 이날 1스톱 전략을 택한 해밀턴은 슈퍼 소프트로 28랩, 소프트 타이어로 25랩을 달리는 역 배분 작전을 성공적으로 수행했다. 레이스는 라이코넨-해밀턴-라이코넨-해밀턴-보타스-라이코넨-해밀턴의 순으로 여섯 차례나 선두가 바뀌는 역전과 재역전의 명승부였다.

7 2018 독일 그랑프리 : 기적의 추월쇼

2018년 독일 그랑프리를 앞두고 나란히 개인통산 4회 챔피언으로 동률을 이루던 세바스찬 베텔(페라리)과 루이스 해밀턴(메르세데스)이 다섯 번째 타이틀을 놓고 치열한 경쟁을 벌이고 있었다. 당시 페라리는 파워 유닛의 강세로 메르세데스를 앞서는 스피드를 확보한 것으로 평가되었고, 독일은 베텔의 홈 그라운드였다.

해밀턴의 시작은 불안했다. 예선에서 유압장치가 고장나 14그리드 출발이라는 최악의 위치에서 본선을 맞게 된 것이다. 경쟁자 베텔의 페라리는 예선 1,3 그리드를 잡아 유리한 위치에 섰다. 이제 해밀턴에게는 우승이 아니라 보다 많은 포인트 확보가 현실적 목표가 될 것이라 여겨졌다. 비가 오락가락하는 날씨 속에 전개된 이날 레이스는 타이어 선택과 피트 스톱 타이밍에서 승부가 갈렸다. 상위 10위권내 선두 그룹은 규정에 따라 Q2에서 사용한 울트라 소프트를 달고 그리드에 나왔다. 반면 예선을 제대로 치르지 못해 타이어를 마음대로 고를 수 있었던 해밀턴은 소프트 타이어를 끼웠다. 접지력과 내구성을 모두 노리는 전략이었다.

스타트와 함께 해밀턴은 두고두고 회자될 추월쇼를 시작한다. 첫 랩에서 13위, 2랩에서 12위, 3랩에서 11위, 4랩에서 10위, 10랩에 7위까지 순위를 올리며 단숨에 포인트권에 도달한 것이다. 선두 페라리는 해밀턴의 위협을 완전히 제거하기 위해 공격적인 피트 스톱 작전을 구사했다. 다소 빠른 타이밍인 14랩, 3위 키미 라이코넨이 피트인 해 새 소프트 타이어를 장착한 채 해밀턴보다 1초 이상 빠른 위치로 트랙에 복귀한다.

미디엄이 아닌 소프트를 택한 것은 만약의 우천에 대비해 타이어 교체 기회를 한 번 더 남긴 2스톱 작전까지 염두에 두었다는 뜻이다. 타이어를 갈고 나온 라이코넨의 포지션은 베텔을 보호하는 동시, 페라리의 방어벽을 해밀턴의 코앞에 친 것과 다름없었다. 베텔도 25랩에 첫 피트 스톱을 했고, 역시 해밀턴 보다 앞선 2위 위치로 트랙에 돌아왔다. 이제 페라리는 상황에 따라 더 이상 타이어를 바꾸지 않고도 끝까지 경기를 밀어붙일 수 있는

옵션을 쥐게 되었다.
30랩에 접어들며 라이코넨-베텔-해밀턴의 순으로 포디엄 권을 형성했지만 아직 의무 피트 스톱이 남아 있는 해밀턴의 실제 순위는 5~6위권 정도로 예상되었다. 그런데 경기 중후반 호켄하임링 하늘에 먹구름이 드리웠다. 페라리는 기상이 미칠 위험에 대비해 선두 라이코넨에게 팀 오더를 내린다. 챔피언 경쟁 중인 베텔에게 자리를 양보하라는 요청이었다. 라이코넨은 매우 빠른 페이스로 달리고 있었지만 속도를 늦춰 동료에게 자리를 내준다. 베텔을 우승자로 만들기 위해 레전드 드라이버를 희생한 페라리의 독기였다. 하지만 먹구름은 결국 비가 되어 트랙에 뿌려지며 페라리의 모든 작전은 물거품이 된다.
42랩, 빗줄기가 굵어지는 가운데 이날 처음이자 마지막으로 피트인한 해밀턴은 드라이 타이어인 울트라 소프트를 끼우는 도박을 감행한다. 만약 비가 그친다면 대역전을 노려볼 수 있는 베팅이었다. 메르세데스의 예측대로 45랩을 넘어가며 노면이 마르기 시작했다. 웨트 타이어를 쓰던 드라이버들이 서둘러 피트로 돌아간 사이 이제 해밀턴은 팀 동료 보타스에 5.8초 뒤진 4위로 자리 잡게 된다. 그런데 50랩을 무렵 다시 비가 내리기 시작했고 드라이 타이어로 버티던 드라이버들의 랩타임이 급격히 떨어지는 상황이 온다. 베텔도 이에 휘말린다. 51랩을 달리다 젖은 노면에서 그립을 잃고 벽과 충돌하는 사고를 낸 것이다. 팀 동료의 희생으로 만든 선두 자리가 날아간 것은 물론, 단 1점도 얻지 못한 리타이어였다. 해밀턴 역시 드라이 타이어였지만 간신히 경주차를 제어해내며 대조를 이뤘다.

베텔의 불운으로 세이프티카가 나왔고 이는 메르세데스에게 기회가 되었다. 해밀턴은 비가 만든 혼란과 보타스의 피트인을 기회로 단숨에 선두에 올랐다. 이제 팀동료 보타스가 그의 유일한 경쟁자가 되었다. 메르세데스는 1스톱 작전에 따라 낡은 울트라 소프트로 버티던 해밀턴보다 새 타이어의 보타스가 더 빨랐지만 팀오더로 추월을 포기하게 만든다. 결국 해밀턴은 세이프티카 상황 이후 마지막랩까지 선두를 지켜냈다. 기적 같은 역전극이었다. 해밀턴은 14그리드 출발의 핸디캡을 딛고 드라마 극본이라 해도 안 믿길 추월극을 연출해냈다. 접신을 한 듯한 팀의 1스톱 전략, 동료의 희생, 그리고 경기 중후반을 울트라 소프트 타이어 하나로 버텨낸 해밀턴의 기량이 합쳐진 결과였다.
이로서 해밀턴은 드라이버즈 챔피언십 포인트 선두였던 베텔을 따돌리고 타이틀 경쟁에서 우위를 점한다. 그리고 우리가 이미 결과를 알고 있듯, 2018년 독일 그랑프리의 승리는 해밀턴에게 당시 시점 현역 드라이버 최다인 5회 챔피언 타이틀 획득의 밑거름이 되어 주었다.

DAGHE CHARLY

8 2019 모나코 그랑프리 : 초인적 방어전

모나코는 'F1의 보석'이다. 그랑프리 중 가장 느리고 위험하지만 유구한 역사 덕분에 최고의 권위가 부여된다. 루이스 해밀턴은 통산 세 차례 우승했다. 1950년 이후 모나코에서 3회 이상 승리한 드라이버는 여덟 명. 6회 우승자 아일톤 세나를 필두로 5회 우승의 그레이험 힐, 미하엘 슈마허, 4회 우승자 알랭 프로스트에 뒤이어 해밀턴이 다음 자리를 차지하고 있다(스탈링 모스, 니코 로즈버그와 동률).

그중 2019년 5월 26일의 우승은 그의 가장 치열했던 대결 중 하나로 손꼽힌다. 경기 일주일 전 소속팀 메르세데스팀 고문인 전설의 드라이버 니키 라우다가 사망하면서 해밀턴은 큰 슬픔에 빠진다. 경주차 해일로에 라우다의 이름을 새기고 참가한 해밀턴은 스승의 영전에 우승을 바치기 위해 어느 때보다 집중력을 발휘한다. 예선에서 해밀턴은 1분 10초 166의 기록으로 전년보다 무려 1초가 빨라진 페이스로 폴포지션을 잡았다. 팀동료 발테리 보타스마저 2그리드를 차지했다. 추월이 어려운 트랙인 만큼 메르세데스가 절대적으로 유리한 포지션으로 레이스를 맞게 된 것이다.

경기가 시작되자 해밀턴은 2랩과 3랩에 연이어 최고속도랩을 찍으며 빠르게 치고 나갔다. 그런데 11랩에 샤를 르클레르(페라리)의 사고로 트랙에 파편이 날리며 세이프티카가 발령되는 변수가 생긴다. 해밀턴, 보타스, 막스 베르스타펜(레드불) 등 상위권 주자들이 이 틈에 줄줄이 피트인하며 타이어를 교체했다. 문제는 이 시점 메르세데스의 전략이었다. 1스톱이 가능한 트랙에서 평소보다 빠른 피트인을 한 해밀턴에게 하드 타이어 대신 내구력이 약한 미디엄 타이어를 안긴 것이다. 설혹 한 번의 피트인을 더 하더라도 선두 위치를 활용, 더 빠른 타이어로 3위권과 간격을 벌여 놓으려는 의도였다.

같은 시점 레드불의 베르스타펜은 앞선 주자 보타스와 피트 출구에서 만나 접전을 벌였다. 결국 추돌이 발생하고 이 과정에서 베르스타펜이 2위로 올라서 해밀턴을 직접 겨냥하게 된다. 해밀턴은 미디엄 타이어의 강점이 살아 있는 시점에도 좀처럼 베르스타펜을 따돌리지 못했다. 꼬리를 물고 달린 둘 사이의 간격은 1초도 되지 않았다. 그런데 심사위원들이 앞선 접촉 사고의 책임으로 베르스타펜에게 5초의 시간 가산 패널티를 내린다. 이제 레드불의 젊은 드라이버가 택할 수 있는 전략은 단 하나. 조금이라도 빨리 해밀턴을 추월해 5초의 시간을 회복할 기회를 만드는 것이다. 성공 가능성이 높은 도전이었다. 1위 해밀턴은 수명이 짧은 미디엄 타이어, 추격자 베르스타펜은 마지막까지 버틸 수 있는 하드 타이어였기 때문이다. 하지만 상대는 해밀턴, 트랙은 몬테카를로였다.

사실 경기가 진행되면서 해밀턴은 핀치에 몰렸다. 50랩 무렵 그는 "프론트 레프트가 죽었다"며 다급히 팀에 무전을 날린다. 왼쪽 앞 타이어가 점차 너덜거리며 전혀 접지력을 발휘하지 못하는 상태가 된 것이다. 베르스타펜도 이를 알고 있었다. 상대가 곤경에 처하자 공세는 거칠어 졌다. 결국 76랩에 아찔한 장면이 연출된다. 맹추격하던 베르스타펜의 경주차가 해밀턴의 뒤를 때리며 메르세데스 경주차가 시케인을 가로 질러 튕겨 나간다. 추돌에 의한 숏컷으로 해밀턴의 잘못이 없는 상황이었고 코스를 가로 지른 덕분에 순위는 바뀌지 않았다. 이후에도 베르스타펜의 공세가 이어졌지만 결국 추월은 없었다. 14랩부터 76랩까지 이어진 길고 긴 추격전은 해밀턴의 힘겨운 승리로 막을 내렸다.

해밀턴은 이날의 초인적 방어전을 니키 라우다의 영혼과 함께 했다고 생각했다. "내가 겪었던 가장 힘든 레이스였다. 그럼에도 불구하고 나는 정말로 니키의 정신과 함께 싸우고 있었다. 나는 그가 하늘에서 내려다보고 있을 것이라 믿었고 우승컵을 그에게 바칠 수 있게 되었다. 그가 정말 그립다."

2019 모나코 그랑프리는 팀의 잘못된 타이어 전략이 빚어낸 위기를 드라이버의 실력으로 극복해 낸 경기였다. 해밀턴은 수명이 다한 타이어로 40랩 이상을 버텨냈다. 1초 이내 접전이 경기 내내 이어 지는 상황에서 단 한 번의 실수도 없었다는 점이 놀랍다.

2019 헝가리 그랑프리 : 지략의 승리

2019 헝가리 그랑프리는 늘 그렇듯 여름 휴식기를 앞둔 상반기 마지막 경기였다. 부다페스트 헝가로링은 이 시기 연중 가장 기온이 높다. 열을 식히기에 충분한 속도가 나지 않는 중저속 트랙에서 만나는 무더위는 경주차 발열과 관련된 갖가지 문제를 불러온다. 이날 예선에서는 점차 경기력이 상승하고 있는 막스 베르스타펜(레드불)이 폴포지션, 메르세데스의 보타스와 해밀턴이 2~3위 자리를 차지했다. 메르세데스가 브레이크 성능 문제로 세팅을 바꾼 것이 주도권을 넘겨준 이유였다.

해밀턴은 스타트에서 팀동료 보타스를 추월해 2위로 올라서며 선두 베르스타펜을 공략해 나갔다. 초반 10랩까지 두 드라이버가 최고속도랩을 번갈아 갱신하는 접전이 이어졌다. 23랩, 둘의 격차는 1초 이내로 줄었고 타이어 수명이 다한 베르스타펜이 먼저 피트인한다. 이때 선택한 타이어는 내구력이 좋은 하드 타입이었다. 메르세데스는 베르스타펜이 피트에 들어가자 해밀턴에게 무전을 날린다. "루이스 지금은 해머 타임이야." 앞차의 방해가 없는 상태에서 최대한 간격을 만들라는 말이었다. 해밀턴은 이 전략에 따라 베르스타펜보다 6랩을 더 달린 뒤 피트로 들어와 하드 타이어를 새로 끼웠다. 돌아온 자리는 2위.

해밀턴은 빠르게 추격전에 나서 38랩 무렵 선두와의 간격을 0.3~0.5초차의 박빙으로 만들었다. 이어진 39랩, 2위 해밀턴은 첫 코너에서 다니엘 리카르도가 백마커로 선두 그룹을 가로막는 상황이 오자 기습적으로 추월을 시도했지만 오히려 트랙밖으로 밀리며 역전에 실패하고 만다. 계속 추월을 시도하려면 브레이킹 시기를 최대한 늦추는 대신 강하게 제동을 걸어야 한다. 하지만 앞서 언급한 메르세데스의 브레이크 이슈가 해밀턴의 덜미를 잡았다. 달구어진 브레이크를 식히기 위해 한 발 물러날 수밖에 없는 상황이 되었고 이대로라면 베르스타펜의 방어벽을 부수기 어려웠다.

메르세데스는 즉각적인 현장 데이터 분석을 통해 특단의 조치가 필요하다고 판단하게 된다. 이 결과 48랩에 해밀턴에게 미리 계획되지 않았던 두 번째 피트 스톱을 지시한다. 1스톱이 가능한 트랙에서 피트인 시간을 소

모하는 위험을 무릅쓰고 2스톱 전략을 펼친 것이다. 해밀턴도 무전으로 그 판단에 대해 의문을 표했지만, 팀의 의견에 따라 한 차례 더 피트로 들어와 접지력이 상대적으로 우수한 미디엄 타이어를 끼우게 된다. 이제 하드 타이어로 남은 스틴트를 버틸 것으로 예상되는 베르스타펜과 싱싱한 새 미디엄 타이어로 무장한 해밀턴의 간격은 20초가 된다. 타이어 상태가 악화되고 있는 베르스타펜의 입장에서 이는 충분한 시간차가 아니었다. 그렇다고 해밀턴과의 거리를 만들지 못한 채 피트인하면 선두를 빼앗기게 되니 어쩔 수 없이 원스톱으로 방어할 수밖에 없는 상황에 몰렸다.

해밀턴은 집중력 있게 작전을 수행했고 마지막 6랩을 남긴 시점 시간차를 5초 이내로 좁힌다. 낡은 하드 타이어로 버티던 베르스타펜에게 드디어 한계가 온다. 경기 종료까지 3바퀴 남겨둔 67랩, 해밀턴은 그의 전매특허 같은 추월 기술을 발휘, 직선 주로를 DRS로 따라잡고 코너 입구에서 한 템포 늦은 브레이킹으로 위치를 바꾸는 데 성공한다. 레이스 말미 터져 나온 극적인 역전이었다. 순위를 빼앗긴 베르스타펜은 선두 탈환을 과감히 포기하고 두 바퀴 남은 시점에서 타이어를 교체한 뒤 최고속도랩을 찍는다. 1포인트의 추가 점수를 노린 현실적 선택이었다.

해밀턴의 이날 승리는 F1의 재미 중 하나인 두뇌 싸움의 진수를 보여 주었다. 주말 내내 더 강력했던 상대의 전력을 냉정하게 판단한 메르세데스의 기지와, 빈틈없이 작전을 수행한 해밀턴의 능력이 조화를 이룬 결과였다. 만약 베르스타펜이 2019 모나코에서 해밀턴이 보여준 방어 능력을 재연했다면 역전은 이루어지지 않았을 지 모른다. 해밀턴은 "팀이 위험을 무릅쓰고 좋은 전략을 선택해 기회를 만들지 않았다면 이런 결과가 나오기 힘들었을 것이다. 주말 내내 브레이크에 문제가 있어서 변화를 주었는데 적응하기 힘들었다. 타이어를 최대한 아끼면서 달리려고 노력했고 마지막 피트 스톱 이후 20초 격차를 따라잡을 것이라 생각치 못했는데, 결국 해냈다"고 말하며 이날 승리에 큰 만족감을 표했다.

2020 터키 그랑프리 : 타이어 대가가 빗길을 마주하는 방법

루이스 해밀턴을 저평가하는 이들은 그가 우월한 경주차 성능에 의존했다고 주장한다. 하지만 해밀턴은 숱한 경기에서 차원이 다른 드라이빙 능력을 입증했다. 대표적 예는 그가 역대 최고인 7회 챔피언 타이틀을 확정한 2020년 터키 그랑프리 결승이다.

2020년 해밀턴은 F1 역사상 가장 빠른 차였을지도 모를 '메르세데스 W11'을 몰았다. 하지만 시즌 챔피언 확정전이 된 이해 터키 그랑프리는 차의 성능격차가 희미해지는 빗길 수중전이었다. 이 경기는 예선에서 중위권팀 레이싱 포인트의 랜스 스트롤과 세르지오 페레즈가 1, 3위 그리드를 장악하는 이변속에 출발했다. 메르세데스는 이전까지 시즌 전경기(13라운드)에서 예선 1위를 놓치지 않았지만 이날은 해밀턴이 6그리드, 보타스가 9그리드로 뒤처졌다. 대회 2주전 트랙을 재포장하여 노면이 미끄러운데다 비까지 내리는 갖가지 변수에 대처하지 못한 결과였다. 레이스 당일도 출발 1시간전 내린 비로 모두가 웨트 타이어로 경기에 임했다. 6위권이던 해밀턴은 초반 여덟 바퀴만 달린 뒤 이례적으로 빠른 피트 스톱을 가져갔다. 이 때 풀 웨트 타이어를 인터미디어트로 바꾼다. 비의 양이 적을 때 쓰는 타이어다.

놀랍게도 이날 경기에서 그의 마지막 타이어 교체였다. 전체 58랩 중 8바퀴를 출발 타이어로, 남은 50바퀴를 인터미디어트로 달린다는 비정상적 계획이었다. 8위로 트랙에 복귀한 해밀턴은 13랩 버추얼 세이프티카 발동으로 추월이 금지될 무렵까지 5위권에 도달했다. 이 때 선두는 여전히 랜스 스트롤이었으며 페레즈, 막스 베르스타펜(레드불), 세바스찬 베텔(페라리)이 해밀턴에 앞서 달리고 있었다. 해밀턴은 한동안 베텔의 강력한 블로킹에 묶였다. 둘 모두 수중전의 강자였다. 그러나 페라리가 이날 택한 전략은 2스톱이었기에 34랩에 베텔을 피트로 불러들이게 된다. 이제 해밀턴을 가로 막던 방어벽중 하나가 사라졌다.

경기가 중반에 접어들며 많은 드라이버들이 빙판처럼 미끄러운 노면과 앞차가 뿌려대는 물보라에 고전했다. 베르스타펜, 보타스 등 상위권 주자들마저 속절없이 그립을 잃고 미끄러져 나갔다. 이 여파로 선두권 알렉산더 알본(레드불)이 스핀으로 나가 떨어지는 사이 해밀턴은 이제 포디엄권인 3위까지 단숨에 치고 올라왔다. 그리고 맞이한 37랩. 선두 스트롤이 2스톱 전략을 선택하며 피트로 들어가자 2위가 된 해밀턴은 다음 랩 세르지오 페레즈(레이싱 포인트)를 가볍게 추월하며 선두에 올라섰다. 이제 남은 12랩에서 레인 마스터 해밀턴을 위협할 상대는 없었다. 그의 질주는 2008년 영국 그랑프리를 보는 듯했다. 마치 혼자만 마른 노면을 달리듯 거침없는 질주였다.

해밀턴이 이날 보여준 기량은 같은 메르세데스의 보타스가 빗길에 힘을 쓰지 못하며 14위로 어렵게 경기를 마친 것과 대조되며 더욱 빛이 났다. 마치 '차빨'이 아닌 실력으로 본인의 업적을 이루었음을 항변하듯 말이다. 이는 2020시즌 남은 세 번의 그랑프리 결과와 무관하게 역사적인 7회 챔피언 타이틀이 확정되는 순간이기도 했다. 화양연화를 맞은 해밀턴은 긴 소감을 남긴다.

오늘 이런 모습을 보여준 것은 영광이고 특권이다.

믿을 수 없도록 잘해주는 팀원들이 없었다면 이런 결과를 낼 수 없었다.

우리는 끊임없이 함께 기준을 높이고 소통해왔다. 이번 주말 내내 힘들었다.

나는 비가 축복이었다고 생각하지만 레이스는 매 순간이 힘들었다.

간신히 냉정을 유지했고 궁극적으로 내가 배운 모든 것을 실현했다고 생각한다.

나는 5살 처음 그랑프리를 관람했고 자동차를 사랑했다.

나와 닮은 사람(흑인)은 없었지만 언젠가 그 높은 곳에 도달할 것이라 항상 꿈꿔왔다.

세상 모든 어린이들에게 불가능한 꿈이 현실로 존재한다는 사실을 전해주고자 한다.

그리고 그걸 위해 노력하고 절대 포기하지 말아야 한다고 말해주고 싶다.

스포츠 재벌 / 그리고 인간

루이스 해밀턴

F1 팀들은 드라이버의 연봉을 공식적으로 발표하지 않는 경우가 많다. 대부분 비[illegible] 계약을 맺는데다 F1 팀 예산 상한 규제에도 드라이버 연봉은 포함되지 않아 실 금액 확인이 어렵다. 다만 경제지나 스포츠 미디어들이 나름의 근거로 발표하는 추정치를 통해 대략적 규모는 짐작할 수 있다. 몇몇 외신은 2023년 1월, 메르세데스가 계약 만료를 1년 앞둔 해밀턴에게 2년 연장(2024~2025) 조건으로 1억 4,000만 유로(한화 약 1,800억원)를 제시했다고 전한 바 있다. 1년 연봉 기준 약 900억원 정도인 F1 역사상 최고 계약이었다. 영국 언론 더 선은 이 조건이 전체 스포츠 선수를 통틀어 8위권에 해당한다고 보도했다.

2025년부터 발효되는 해밀턴의 페라리 이적 결정으로 이 계약은 더 이상 유효하지 않게 되었으나 그의 수입을 가늠해볼 가장 최근의 기준이 된다. 여기서 각종 저작권 및 광고 수입, 승리 수당 등 가외 벌이는 제외되어 있다. 해밀턴의 재산 규모를 추산해 볼 수 있는 또 다른 자료로 영국 매체 스포츠 프로의 '마케팅 가치가 있는 선수Most Marketable Athletes 50인' 선정을 참고해도 좋다.

해밀턴은 2022년 기준으로 발표된 이 선정에서 크리스티아누 호날두(축구), 세레나 윌리엄스(테니스)에 이어 전 세계 스포츠 스타 중 3위에 올랐다. 겨울에 열린 카타르 월드컵 등 일부 대형 이벤트 결과가 반영되지 않은 것으로 보이지만, 르브론 제임스(농구, 4위)나 리오넬 메시(축구, 5위)보다 해밀턴에게 높은 가치를 부여한 점은 상당히 인상적이다. 이 매체는 2014년 같은 조사에서는 해밀턴을 전체 1위로 뽑기도 했다. 그만큼 팀에서 받는 연봉 외 부수입이 더 많을 것이란 추측이 가능하다. F1 경력 대부분 최상위권 연봉을 받은 데다 셀러브리티로서의 상업적 영향력까지 겸비한 그의 누적 수입은 상상을 초월하는 규모다. 매년 세계 자산가 순위 발표로 신뢰를 얻고 있는 포브스는 지난 2010년대(2010~2019) 10년간 스포츠 스타의 재산을 추정하며, 해밀턴이 이 기간에만 4억 달러(약 5,300억원)를 벌었다고 보도했다. 여기에 2020년 이후 지불된 단순 연봉만 더 해도 누적 수입 예상치가 9,000억원(2007~2023년)에 달한다. '큰 손'이 된 해밀턴은 2023년 미식축구 NFL팀인 덴버 브롱코스의 지분 일부를 인수해 공동 구단주가 되는 등 스포츠 사업에도 투자했다. 특히 골프 황제 타이거 우즈와 로리 매킬로이 등이 주도한 신생 기업 '투모로우 스포츠'의 주주가 되는 등 벤처 사업 투자에도 손을 뻗고 있다.

가상 현실 골프 리그 창립 등 미래형 사업을 비즈니스 모델로 하는 투머로우 스포츠에는 해밀턴외에도 세레나 윌리엄스(테니스), 스테픈 커리(농구), 오타니 쇼헤이(야구), 가레스 베일(축구), 저스틴 팀버레이크(음악) 등 각 분야 스타들이 주주로 참여했다. 합산 수상 경력이 올림픽 메달 21개, 테니스 그랜드슬램 42회, 그래미상 10개, 에미상 40개, 그리고 F1 월드 챔피언 7회에 달하는 초호화 진용이다. 만약 해밀턴의 이 같은 투자들이 성과로 이어진다면 그가 보유한 금융 자산의 가치는 더욱 높아질 수 있다.

사회운동가로서의,

귀와 코에 걸린 피어싱, 화려한 패션, 그리고 레드 카펫이 어울리는 셀럽. 역사상 가장 위대한 드라이버 루이스 해밀턴이 보여준 엔터테이너적 이미지다. 단언컨대 그처럼 스타일리시하고 아이코닉한 존재가 F1에 나타난 적은 없었다. 과거 모터스포츠 종사자들은 시쳇말로 '공대' 느낌이었다. 그 시절 패독은 향수보다 기름 냄새를 더 좋아하는 사람들이 모인 곳이었다. "아침식사로 타이어를 먹고 목마르면 엔진오일을 마시며 자랐다"는 루벤스 바리첼로(전 페라리 드라이버)의 과장은 당시의 시대 정신을 반영한다. 그들에게 패션과 피어싱은 위험요소일 뿐이고 시상대 외 레드카펫은 허례였다.
물론 많이 달라졌다. MZ 세대로 불리는 요즈음 드라이버들은 예전보다 개성 넘치고 자유분방하다. 페라리의 샤를 르클레르처럼 잘생긴 외모에 피아노 연주실력까지 겸비한 신세대 드라이버도 있다. 그럼에도 해밀턴처럼 뚜렷하게 자신의 의식을 드러내는 경우는 여전히 드물다.
해밀턴은 달랐다. 그는 세상과 소통했으며 자신의 목소리를 증폭시기기 위해 소셜 미디어를 지능적으로 활용했다. 그래서 '인간' 루이스는 F1 선수이자 3,600만명이 넘는 인스타그램 팔로워를 거느린 사회 활동가이기도 하다. 기후문제, 평등, 다양성 등 그의 관심은 인류가 안고 있는 광범위한 문제를 관통한다. 대표적 주제가 인종차별이다. 역사상 최초이자 유일한 흑인 F1 선수인 해밀턴은 본인에게 가해진 인종차별적 혐오를 자주 경험했다. 해밀턴은 한 인터뷰에서 "레이싱 경력 내내 피부색의 낙인과 싸워왔다"며 "나는 (F1에서) 몇 안되는 유색인종 중 한 명으로 지내는 데 익숙하며, 인종차별에 직면했을 때 누구도 나를 대변하지 않을 것이라 생각했다"고 밝혔다. 대표적 사례로 2008년 알론소의 홈그라운드 스페인에서 현지 관중들이 집단으로 흑인을 비하하는 발언과 행동을 했던 사건이 있었다. 전년도 알론소와의 내부 갈등에 불만을 품은 관중들은 'Pxxo Negro Fxxking Black' 등의 과격한 표현이 담긴 현수막을 내걸고 해밀턴에게 욕설을 퍼부었다. F1이 스페인의 그랑프리 개최권 박탈까지 거론했을 정도로 도를 넘는 혐오였다.
해밀턴은 이 사건 무렵부터 커리어 내내 지속적인 행동과 표현으로 차별에 맞섰다. 2008년 6월, 해밀턴은 F1 드라이버로서는 보기 드물게 흑인 인권 운동의 상징 넬슨 만델라 대통령(남아공)의 90번째 생일을 맞아 열린 에이즈 퇴치기금마련 콘서트에 참가하기도 했다. 런던에서 열린 당시 행사에서 그는 퀸, 에이미 와인하우스, 윌 스미스 등과 한 무대에 섰다.
2020년에는 미국 경찰에 의해 사망한 흑인 청년 조지 플로이드 사건에 대해 F1 드라이버 중 처음으로 공개적 입장을 냈다. 그는 "너무 많은 분노와 슬픔을 느꼈다, 부디 피부색만으로 우리가 유죄로 취급되지 않기를 바란다"며 "미국이든, 전 세계 누구든 그의 사건에 대해 침묵하는 것은 비겁한 일"이라고 일갈했다. 해밀턴은 시즌이 끝날 때까지 모든 레이스에서 항의의 상징이 된 문구 'Black Lives Matter'를 티셔츠에 새겨 입고 무릎을 꿇는 퍼포먼스를 했다. 동료 F1 드라이버들도 그의 뜻에 동참했다. 나아가 자신의 무대인 F1에서부터 인종차별 문제를 해결해야 한다며 영국 왕립 공학 아카데미 Royal Academy of Engineering와 협력한 '해밀턴 위원회 Hamilton Commission'를 출범시켰다.

F1에서도 장벽은 여전히 남아 있다.
나 한 명의 흑인이 존재한다는 사실을 의미 있는 사례로 삼는 것만으로는 충분하지 않다.
이 산업 전반에 걸쳐 수천 명의 사람들이 고용되어 있으며
그들의 다양성이 더 잘 대표해야 하기에 해밀턴 위원회를 시작하고 싶다.

루이스 해밀턴

이 연구 단체는 모터스포츠를 배우는 과학, 기술, 공학 및 수학 과목에 더 많은 흑인 젊은이들을 참여시켜 궁극적으로 F1팀의 엔지니어링 부문에 진출시키는 목표를 갖고 있다. 해밀턴은 이전부터 흑인 영웅들에 대한 찬사와 추모를 아끼지 않아 왔다. 2016년 복싱 선수 무하마드 알리가 사망했을 때, 그는 캐나다 그랑프리 우승의 영광을 고인에게 헌사했다. 해밀턴은 "인종 차원에서 비슷한 배경을 가진 알리를 존경했다. 마지막 15랩 동안 알리가 조지 포먼과 벌인 '정글의 대결The Rumble in the Jungle'(1974년)이 생각났다"고 말했다. 2020년에도 마블 영화 〈블랙 팬서〉의 주인공 채드윅 보스만이 요절하자 두 팔로 영화 장면과 같은 'X'자를 그리며 추모했다. 최근인 2023년에도 스페인 축구 라리가에서 인종차별을 당한 비니시우스에 대한 공개 지지를 선언하는 등 인종 차별 이슈에 대해 적극적인 행동을 이어가고 있다. 나아가 해밀턴은 사회 전반의 문제로까지 그의 관심을 확장하며 사회활동가로서의 정체성을 확립한다. 대표적 행동으로 2011년 자신의 엔트리 번호를 딴 비영리 기구 '미션44'를 설립이 있다. 이 단체는 지구 온난화, 인권, 기후 변화 등을 다루었다.

지속 가능한 미래를 위해 사회적 책임을 다하는 기업과 개인들을 모아 환경 문제를 해결할 수 있는 방안을 찾고자 한다.

연장선상에서 2021년 환경문제 해결을 주제로 한 모터스포츠 리그 '익스트림E' 참가팀 'X44'를 사비로 창단하기도 한다. 전기 SUV 레이싱인 이 대회는 멸종위기에 처한 동식물 서식지 인접 지역에서 친환경적 이벤트를 열어 지구 온난화 극복에 대한 메시지를 전한다는 목표로 만들어졌다. 해밀턴은 "익스트림E에 매료된 이유는 환경에 초점을 두었기 때문"이라며 "레이싱에 대한 사랑에, 지구를 사랑하는 마음을 더해 긍정적 영향을 미칠 수 있다는 것이 나에게 큰 의미가 있다"고 말했다. 이 팀은 2023 시즌까지 3년간 운영되며 리그 챔피언 타이틀을 얻었다.

해밀턴의 거침없는 발언들은 때로 FIA를 곤란하게 만들었다. 올림픽, 월드컵 등의 스포츠에서 경기 외적 표현을 금하는 경우가 있다. 예를 들어 한국 국가대표 축구팀이 '독도는 우리땅'이라고 당연한 표현을 해도 제재를 당하는 것처럼 말이다. FIA도 2022년 정치적 발언 금지 규정을 발표한 일이 있다. 마치 해밀턴을 겨냥한 듯했다. 지속적으로 인종차별 문제를 거론한 것은 물론, F1 개최지이기도 한 바레인의 인권 문제에 목소리를 냈었기 때문이다. 해밀턴은 "내가 아니면 아무도 하지 않을 것이기 때문에 계속 목소리를 낼 것"이라며 "후원사들이 연관되기 싫다면 나와 계약을 끊든 말든 상관하지 않겠다"고 강경히 맞섰다. 많은 드라이버들이 이에 동조했으며 거센 비판에 직면한 FIA는 결국 관련 규정을 축소시켰다. 이는 F1 선수들이 사회 이슈에 대해 말할 수 있게 되었다는 뜻이며, 표현의 자유를 쟁취한 해밀턴과 드라이버들의 승리였다.

사회에 대한 그의 관심은 식성까지 바꾸었다. 루이스 해밀턴은 데뷔 이후 식생활에서 육류를 배제했다. 동물의 권리를 보호하려는 취지였다. 그럼에도 2019년에는 채식 식단만으로 10kg 몸무게를 늘려 화제를 모았다. 평소 68kg이던 몸무게를 78kg으로 올린 것인데 이는 드라이버의 몸무게를 포함하는 최저 무게 규정을 맞추려는 노력이었다. 상당한 체력이 필요한 F1에서 근력을 위해 필요한 최소한의 육식도 하지 않는 생활 방식은 매우 이례적이다. 이러한 실천 경험을 바탕으로 2019년 헐리우드 스타 레오나르도 디카프리오와 함께 비건 버거 체인점 '니트 버거'를 공동설립해 지금까지 운영하고 있다. 게다가 모기업인 메르세데스 벤츠에 "언젠간 가죽을 전혀 쓰지 않는 차량을 만든다면 동물 보호에 큰 도움이 될 것"이라 의견을 내기도 했다. 미국 월스트리스트 저널은 이 같은 해밀턴의 태도를 높게 평가했다. 이 미디어는 2021년 6월 인물, 이념, 기술, 경제 등 다양한 분야에서 혁신을 이끄는 인물에 대한 시상인 '이노베이터 어워즈Innovator Awards'에서 해밀턴을 혁신가상Innovator of the Year 수상자로 선정했다. F1 드라이버로서는 매우 이례적 일로, 그가 단순 스포츠 선수가 아니라 사회문제에 적극 대응하는 행동가임을 상징적으로 보여준다.

셀럽으로서의,

루이스 해밀턴

데뷔 초 갑작스러운 인기에 파파라치가 달라붙어 고생했던 해밀턴이지만 아이러니하게도 스스로가 셀럽으로서 카메라 앞에 서는 일을 즐겼다. 이는 그의 20대 연애사와도 관련이 있는 듯하다. 현재 가수 샤키라와 만나고 있다고 알려진 해밀턴은 그동안 리한나를 비롯, 여성 뮤지션들과의 염문설이 자주 나돌았다. 그가 공개적으로 밝힌 최초의 연인 역시 가수 니콜 셰르징거였다. 영국 출신 인기 걸그룹 푸시캣 돌스의 멤버로 잘 알려져 있는 인물이다.

7년 연상 셰르징거는 해밀턴을 트랙 밖 셀럽의 세계로 끄집어 냈다. 취미로 작곡을 하며 음악 활동을 즐겼던 해밀턴은 셰르징거를 위해 녹음 스튜디오를 만들기도 했다. 이 둘은 2015년 결별하기 전까지 커플로 유럽 음악 시상식장이나 칸 영화제에 모습을 드러내는 등 연예인 못지 않게 대중에 노출되었다. 둘의 결별 이후에도 음악에 대한 해밀턴의 열정은 이어졌다. 팝스타 크리스티나 아길레라의 노래 'Pipe'에 공식 피처링 가수로 참여했을 정도다. 당시 'XNDA'라는 가명을 사용해 팬들조차 그의 음악 활동을 뒤늦게 알아차렸다. 그는 이 사실을 밝힌 뒤 스포티파이에 자신만의 앨범을 공개하는 등 적극적인 음악가로서의 삶도 이어가고 있다. 해밀턴은 본인의 엔터테이너적 기질을 패션 분야로도 확대시켰다. 명품 발렌티노의 앰버서더가 되거나, 유명 브랜드 타미 힐피거와 협업하여 자신의 이름이 들어간 'Tommy Hilfiger X Lewis Hamilton' 의류 라인을 선보였을 정도다. 단지 이름을 붙인 것만이 아니라 디자인에 직접 참여하여 아이디어와 영감을 표출했다. 반쯤 연예인 같은 행보가 이어지자 그에게 영화 출연 제의까지 온다. 실제로 해밀턴은 영화 〈탑건 매버릭〉 측의 요청으로 배우 오디션을 본 적도 있었다. 지상에서 가장 빠른 사나이인 해밀턴이 공중전 영화에 출연했다면 큰 화제가 되었겠지만 아쉽게도 일정 문제로 참여는 무산되었다. 해밀턴은 이 때 맺은 조셉 코신스키 감독과의 인연으로 브래드 피트 주연의 개봉 예정작 〈에이펙스〉에 제작자 겸 카메오로 참여하게 된다. 에이펙스는 드라이버들이 가장 이상적 라인을 그리며 달릴 때 지나치게 되는 코너의 탈출지점을 말하는 레이싱 용어이며 이 작품에서는 가상의 팀 이름으로 쓰이는 것으로 보인다.

단지 스포츠 선수가 아닌 유명인의 삶을 적극적으로 받아들인 해밀턴은 사회에 대한 관심을 반영하듯 많은 선행과 기부로도 이름을 알렸다. 2019년 희귀암으로 시한부 선고를 받은 다섯 살 꼬마 해리 쇼가 자신이 좋아하는 레이싱 스타인 해밀턴에게 SNS 메시지를 남겼다. "안녕, 루이스 해밀턴. 행운이 깃들어 스페인 레이스를 우승하길 바랄 게요. 해리로부터 많은 사랑과 함께 굿바이" 안녕은 의례적 표현이지만 이제 생을 마감해야 하는 소년의 말이었기에 세상에서 가장 슬픈 인사였다. 해밀턴은 실제로 스페인에서 우승했다. 며칠 뒤 영국 서리주 레드힐에 위치한 소년의 집 앞마당에 F1 경주차 한 대가 배달된다. 해밀턴의 화답이었다. 마당에 배달된 F1 카를 보고 가족들은 깜짝 놀랐다. 남은 생을 집에서 보내기 위해 퇴원했던 소년에게 주어진 기적 같은 선물이었다. 아빠 제임스는 "루이스가 순수하고 겸손하며 사랑스러운 사람이란 것을 알게 됐다"며 "해리에게 그랑프리를 우승한 것 이상의 메시지를 전했다"고 감격했다. 안타깝게도 소년은 곧 세상을 떠났지만 이 일화는 유명해졌고, 그의 가족들은 자신의 아이가 앓던 희귀병 치료 연구에 쓰일 기금 1만 5,000 파운드를 모금할 수 있었다. 해밀턴과 소속팀 메르세데스가 이에 참여했음은 물론이다.

해밀턴은 이밖에도 많은 기부 활동을 펼쳤다. 2020년 호주 대륙을 뒤덮은 산불 사태가 발생하자 해밀턴은 소방당국과 야생동물보호단체에 50만 달러(약 5억 8,000만원)를 기부했다. 해밀턴은 "아무런 잘못이 없는 10억 마리의 동물들이 고통스러운 죽음을 맞게 되어 매우 슬프다"며 "산불 진화를 위해 힘쓰시는 분들께 경의를 표한다"고 말했다. 또 자신의 SNS에 산불 현장에서 코알라가 구조되는 동영상을 올리며 지속적으로 관심을 표했다.

이처럼 루이스 해밀턴은 사회운동가로서, 인간으로서 세상과 지구에 대한 애정을 실천하고 있다. 일관적이고 지속적인 그의 행동에는 스포츠 재벌의 이미지 관리나 보여주기식 노블레스 오블리주 이상의 진정성이 담겨 있다.

LEWIS ON LEWIS

내가 차를 다루는 방식은 내면의 감정 표현이다

The way I drive, the way I handle a car, is an expression of my inner feeling

사람들이 나의 실패를 바란다고 느낄 때, 나는 승리를 기대한다

I feel like people are expecting me to fail; therefore, I expect myself to wi

차에 올라, 할 수 있는 한 빠르게 잘 달리는 것이 나의 일이다

My job is to get into the car and drive as fast and as well as possibl

당신이 나를 쓰러뜨릴 수도 있겠지만, 나는 두 배로 강해질 것이다

You can knock me down, but I get up twice as stron

나는 극단주의자다. 그래서 때로 미움을 받거나 사랑을 얻는다

I'm an extremist so I'm either hated or love

승리를 위해서는 어떠한 고통도 기꺼이 감수할 수 있다

I'm willing to take any amount of pain to wi

F1은 최고의 차를 만드는 최고의 팀을 위해
최고의 드라이버가 경쟁하는 것에 관한 것이다

F1 is about the best drivers competing against each othe
for the best teams producing the best cars they ca

나는 다른 드라이버들처럼 되기 바라지 않는다
나만의 방식으로 독특한 존재가 되고 싶다

I don't aspire to be like other driver
- I aspire to be unique in my own wa

내가 꿈꾸던 것보다 더 많은 것을 성취했다
하지만 아직 배고프다

I've accomplished more than I ever dreame
But I'm hungry for mor

F1은 최대치로 달리는 것에 관한 것이다

Formula 1 is about running to the maximu

모두를 뭉개 버리고 싶다
모두를 능가하고 싶다

I want to crush everyon
I want to outsmart everyon

LEWIS ON LEWIS

드라이버로서, 당신은 마음속에서부터 스스로가 승리를 위해
필요한 무언가를 가지고 있다고 언제나 믿어야 한다. 자신 스스로를 믿어라.
당신은 마침내 그 날에 도달할 것이고, 이루어질 것이다.
항상 긍정의 힘을 믿어야 한다.

As a driver, you've always got to believe in your heart that you've got what it takes to win it.
You've always got to believe in yourself.
You've always got to arrive on the day and believe it can happen.
You've always got to believe in the positives.

요즈음 다양한 문화와 국적의 아이들이 나에게 다가오고 있다.
모두 F1 드라이버가 되고 싶어하는 아이들이다.
그들은 나를 통해 F1이라는 스포츠가 누구에게나 열려 있다고 느끼는 것 같다.

I get kids from all different cultures and nationalities coming up to me now,
all wanting to be F1 drivers. They feel the sport is open to everyone.

아주 어렸을 때, 경주차(카트) 앞날개를 부러뜨린 일이 있다.
아빠가 내게 처음 한 말은 '너 괜찮니?' 였지만 나는 '내일까지 차 고칠 수 있어요?'라고 되물었다.
그리고 나는 다음날 레이스에서 승리했다.

When I was really young, I busted my nose when I was racing.
The first thing my dad asked me was: 'Are you OK?' I said,
'Can you fix the car for tomorrow?' And I won the race the next day.

나는 가끔 어느 때보다 활기차고 맑은 정신으로 레이스에 임했지만 끔찍한 경기를 할 때가 있다.
그리고 그 반대의 일이 일어나는 것도 사실이다.

Sometimes, I arrive at races more energetic and clear-minded than ever,
and then I have a terrible race. And the opposite is also true.

세상 그 무엇도 당신이 온전히 준비된 상태에서 F1 카를 만나게 할 수는 없다.
수백만 달러의 자동차를 운전하고 있음을 인지하는 것은 무서운 일이다.
만약 차를 부순다면 많은 돈이 들어가 되고, 당신에게 다시는 기회를 주지 않을 것이니까.

Nothing can really prepare you for when you get in the Formula One car.
Knowing that you're driving a multimillion-dollar car,
and if you crash it it's going to cost a lot of money,
and they might not give you another chance, is scary.

Lewis Hamilton

1ST PUBLISHED DATE 2024. 5. 17

AUTHOR Sunsoo Editors, Kim Jaeho
PUBLISHER Hong Jungwoo
PUBLISHING Brainstore

EDITOR Kim Daniel, Hong Jumi, Lee Eunsu, Park Hyerim
DESIGNER Champloo, Lee Yeseul
MARKETER Bang Kyunghee
E-MAIL brainstore@chol.com
BLOG https://blog.naver.com/brain_store
FACEBOOK http://www.facebook.com/brainstorebooks
INSTAGRAM https://instagram.com/brainstore_publishing
PHOTO Getty Images

ISBN ISBN 979-11-6978-031-5(03690)

BOSE

LEWIS HAMILTON